云南百位历史名人传记丛书

中共云南省委宣传部◎编

云南出版集团

云南人民出版社

图书在版编目（CIP）数据

土司名儒——高奣映 / 陈九彬著. -- 昆明：云南人民出版社, 2015.4

（云南百位历史名人传记丛书）

ISBN 978-7-222-11555-2

Ⅰ. ①土… Ⅱ. ①陈… Ⅲ. ①高奣映（1647～1707）—传记 Ⅳ. ①K825.4

中国版本图书馆CIP数据核字(2014)第001641号

出 品 人：李 维
刘大伟
责任编辑：陈浩东
熊 凌
装帧设计：马 滨
责任校对：苏 娅
李 平
责任印制：马文杰

书名　**土司名儒——高奣映**
作者　陈九彬　著
出版　云南出版集团　云南人民出版社
发行　云南人民出版社
社址　昆明市环城西路609号
邮编　650034
网址　http://ynpress.yunshow.com
E-mail　ynrms@sina.com
开本　889mm×1194mm　1/32
印张　6.25
字数　120千
版次　2015年4月第1版第1次印刷
印刷　昆明卓林包装印刷有限公司
书号　ISBN 978-7-222-11555-2
定价　24.00元

如有图书质量及相关问题请与我社联系

审校部电话0871-64164626　印制科电话0871-64191534

《云南百位历史名人传记丛书》

编委会名单

总　序

丛书编委会

历史长河浩浩荡荡！中华文明自滥觞至汇聚千流，涵纳万水，奔腾迭起，云蒸霞蔚，延五千年之长史，至今生机勃然，是迄今世界上唯一保持完整且衍传有序、光耀于人类的伟大文明。

习近平总书记指出：一个国家、一个民族的强盛，总是以文化兴盛为支撑的。中华民族是具有非凡创造力的民族，我们创造了伟大的中华文明，实现中华民族伟大复兴的中国梦，必须弘扬中国精神。以爱国主义为核心的民族精神，以改革创新为核心的时代精神，是兴国之魂，强国之魂。

云南，是祖国西南神奇、美丽、富饶的宝地，是中华文明中极具特质和创造潜力的丰美之乡。云南少数民族文化是中华民族文化的重要瑰宝。长期以来，云南大地上，各民族和睦与共，相濡相生，共同创造了色彩瑰丽、形态多元、底蕴厚重、影响深远的历史文化，为我们留下了珍贵的精神遗产。人，是历史的镜子，是历史最生动的环节，人民是历史的主人和创造主体。在人类历史的进程中，一个个不同时期的代表人物产生过一些不同的影响。“云南百位历史名人传记丛书”就是这样一丛历史的记录，一百位历史名人，虽未必尽能概全，各位历史人物的代表性也不尽相同，但都是“追梦人”，是振兴民族伟大理想的传薪人、探索者和实践家。

在这些代表人物中，无论是拓土开疆的将帅勇者，还是蹈海酬志的大国使节；无论是志于传播文明的鸿儒巨擘、先哲贤士，还是为民族独立解放而高歌猛进、慷慨捐躯的群雄英杰，都贯注了这一重要精神。正是以他们为代表的云南各族人民创造并抒写了可歌可泣的英雄史章，熔铸了坚韧不拔、奋为人先、包容博大、敢于担当的精神品质，才使云南在中华文明的长史中闪耀着特有的光辉。尤在近代中国，在辛亥护国风云中，在反对外辱保卫祖国边疆维护民族尊严、抗击日本法西斯侵略中，云南站在历史前台，以中华群雄的不屈身影演出了一幕幕豪迈悲壮的历史大戏，也更涌现了一批足以彪炳史册、光照后人的杰出人物。这一切，给予中国历史进程深远的影响。

今天，实现中华民族伟大复兴之梦，谱写富民强滇中国梦的云南篇章，需要以中华文化发展繁荣为重要条件，这就需要接续这一光荣而伟大的精神传统，在继承中创新，在创新中发展，在发展中超越。云南正处于一个新的历史起点上，需要大力挖掘历史文化资源，聚合更强大的精神动力，为推动我省科学发展、和谐发展、跨越发展凝心聚力。为此，我们组织省内外专家学者编写出版了“云南百位历史名人传记丛书”。这对加强我省各族人民，尤其是青年一代对历史的了解、认同，爱国爱乡爱民并甘于奉献，对提升优秀精神品质，形成团结奋斗的共同的思想基础，坚定推进富民强滇的信心和决心，显然有着重要的现实意义和切实的助力。

一百位历史人物，所处历史时期并不相同，其历史作用也有差异，甚至就个人的全面历史评断方面也难以等量趋同。但我们以为这些留存史迹的人物，所以传扬至今，为后世崇奉，均有他们共同的历史向度和价值取向，我们学习这些历史人物，至少应当着重于以下几个大的方面，即：“守大德、重大义、集大成、有大度、达大观”。

守大德，即恪守道德规范。“德者，本也。”（《礼记·大学》）“大德”既是国家民族的根本利益所在，也是中国文化中最核心的价值理念及标准。古语“行德则兴，背德则崩”，不仅是资政经验，也是个人修习完善的根基。所谓“厚德载物”，直观的理解，就是如果德行浅薄，是不能兴物成事，更不能造就伟大功业的。云南历史文化名人，大多以德立身，大节不移，并对此恪守坚定，一以贯之；始终保持正确信念和理想，并为之奋斗到底。这是我们首先要学习尊崇的。

重大义，即以国家民族利益的需要为个人行为取舍的标准。有大义，才有大爱。这些先贤无不爱云南爱乡土，以兴业乡梓、造福一方为己任。尤在国家民族命运攸关、生死存亡的关头，这些令人崇敬的先辈，大义擎天，逢难不避，敢于担当，责无旁贷，勇往直前，不惧牺牲。一个心存天下大公的人总会在不经意的一瞬决定大义的选择，这是社会进步的希望所在，更何况实现中华复兴的伟大梦想，还有很多异常艰危的事业在等待我们去克难攻坚。所以，举凡大义、为民为国、全身而进的精神是我们应当效法崇尚的。

集大成，“知类通达，强立而不反，谓之大成”。这些历史人物留下的足迹，予人深刻启迪。他们无论是出将入相，还是布衣一袭，均勤学不辍，求索不止，在追求真理和知识的道路上刻苦务实，义无反顾，永无终期，故能成大器，胜大任，不辱使命。今天，世界进入知识信息时代，软硬实力决定一个国家能否赢得发展机遇，乃至自立于强国之列的地位。其紧迫性不亚于先辈梦想中国富强的百年期许。但今天所谓“集大成”，是更高更大更具有生存挑战性和发展战略性的，是集世界之“大成”，集政治经济、科技文化、制度建设、社会发展等一切领域“总成”，玉成中国梦的空前伟大的事业。所以，先人刻苦自律、博学精进的学习精神我们应当秉持继承。

有大度，即要有开放包容的胸怀。云南历史文化名人的一个共通品质，也是一个显著特点就是，即使身处僻远，总能破除狭隘与陋见，以宏大度量，兼容并包，接纳先进，吸收优异，团结一切可以团结的力量，聚合一切可以聚合的资源，总成一股创造历史的宏大动力，来完成伟大的事业。哪怕是割股舍己，也在所不惜。今天，云南要实现跨越式发展，保持开放包容的胸怀尤其重要。所以，先辈“天下云南”的大度我们应当弘扬光大。

达大观，即要眼观天下，达察全局，与时俱进，审时知变，敢为人先。推动云南社会历史进步的代表人物，无不目光远大，胸怀全局，对世界潮流、时代嬗变，都能审视洞悉，并欣然顺应规律，故能在历史转折的关键时刻做出正确选择，成就改天换地的一番伟业。古语有“小智自私”、“达人大观”，是将为个人谋私的小智谋与担当天下兴亡的大智慧尖锐对比而言的。否则，“其兴也勃焉，其亡也忽焉”。一个为民为国而应用心智的人，必然有达观天下的心怀，也由此激发潜能、超迈寻常，而使人生境界也更加美好而宏丽。遍观世界文明史，许多影响人类进步的伟大创新，正是以此为动力和起点的。今天，中国经济社会的快速发展，国家的日益强大，正为实现中华民族伟大复兴的中国梦开拓了无限广阔的道路，也为个人实现自身价值创造着更加富实的前景。所以，先辈们达观天下的精神我们应当引为楷模。

我们对志向高远、仰观天下、俯察民情、甘为路石、慨当以慷、求真务实的历史名人，心存景仰，并愿与千千万万的读者，尤其是青年朋友一道学习弘扬。

组织编撰“云南百位历史名人传记丛书”是一项重要的文化工程，编撰出版人员都做出了艰苦的努力，但由于众手修书，书稿层次不一，成书体例难以做到完全一致，对存在的不足敬请读者批评指正，我们将虚心接受，并在修订再版时一并吸纳修改完善。

目录//MULU

目录//MULU

目录//MULU

◆ 松风山韵

◆ 参考书目

古镇风云

这座千年古镇，曾是越巂古道的一个标志，一个重要的交汇点。自从有了高氏，这座古镇也就更加炫目了。

奔走的大明遗臣

彩云之南，天高云淡。突然有一天中午，在姚安光禄古镇的上空，一片片流光溢彩的云朵，团团簇拥着缓缓而至，一时，天地之间都洋溢着浓浓的瑞气。这是多年不见的瑞象。可是，这一霞光万道的瑞象并没有持续多久，突然间起了大风，风刮过，草木摇曳，天地变色，彩云褪去，乌云涌来，大有万马齐喑的气势。按照老人的说法，是兵祸又起的先兆。

这一方古镇，她的出名，她的厚重，是许多年以前的事了。几乎与庄蹻通滇同时，甚至更早，有一条古道，横贯金沙江，沟通了川滇之间的联系，这便是著名的越嶲古道。这条古道在汉唐时期是中央政权沟通滇中、滇西地区的一条主要通道。不但如此，著名的西南丝绸之路，便是以此为脉络，由成都至邛笮，再由此而南，渡过金沙江，经大姚、姚安而西去、南下，经大理、保山而与东南亚、南亚联系。茫茫古道，留下了多少在沿途发生的关于文化交流和民族融合的故事。明朝末年，大旅行家徐霞客从黔滇古道西来，沿这条古道进入大理之时，曾到光禄古镇停歇，并写下了关于越嶲古道上这座千年古镇的一段文字。

光禄古镇在那个时候，又称“白塔街”。徐霞客关于白塔街的文字，是生动、精练、韵味深长的。也许，当

光禄古镇牌坊

他踏上这块土地之时，客观的景致与他主观的情怀已经相融而一了。

光禄古镇在这位大旅行家到来之际，值得大书一笔，不光是因为其历史悠久、底蕴深厚，更在于她是姚安府世袭土府同知高氏的府衙所在地。曾在大理国时期权倾滇中、滇西的高氏家族的一支，自元初至明末，又在这里繁衍和昌盛了三百多年。这为古镇带来了荣光，带来了故事，更为这里留下了许多可歌可泣的民族团结的佳话。

距徐霞客的来临不到一百年，崇祯皇帝自缢于北京煤山后不久，光禄古镇又是一派繁忙甚至有些躁乱的景象。此时，高氏土官衙门的主人正是家族的第五十一代传人，才华横溢、少壮有为的高耀，着四品衔，任姚安军民府同知。

明朝已经灭亡，高耀的土司府邸似乎成了风雨飘摇中的一叶孤舟。

各种史书皆称高耀为“大明忠臣”，而此时此刻，他所效忠的明王朝已经灭亡。值此改朝换代之际，家族的荣耀，家人的身家性命，全都系于他一身。虽然此时清朝的铁骑还未踏上他脚下的这片土地，但也只是迟早之事。名节所在，职责所系，在这样历史转折的关口，这位聪明过人的土官，却在逆历史潮流而动，其结果可想而知，其命运更是凶多吉少。高氏家族的悲剧，又由此而上演了。

从明洪武年间开始，黔国公沐英及其后人统治云南两百多年。诸如高氏家族这样的世袭土司，其与朝廷的联系，其所承蒙朝廷的恩惠，更多的时候皆拜世守云南的沐氏黔国公传人所赐。所以，在高氏家族的心目中，“沐黔国”便是朝廷的化身；只要他们一声召唤，就是肝脑涂地也在所不惜。这种在“沐黔国”的号令下，高氏家族倾其所有、誓死报效的事情，在明王朝统治下的两百多年间，不知发生了多少起。殊不知，在高耀登上世袭姚安土府同知后不久，在明王朝大厦已倾覆的关口，其对“沐黔国”的效忠，又义不容辞地降临在他的头上。

如果说后来清朝开国姚安高氏的第一位土司高奣映一出道便面临种种严峻考验，那么，他的父亲高耀所面临的危机，以及所付诸的一系列行动，其灾难性的后果更是令人毛骨悚然。倘若不是雄才大略的康熙皇帝对西南边疆少数民族上层采取了安抚政策，要不是后来高奣映所采取的大义为先、顺应潮流的一系列行动，那么，也许就没有他之后高氏传人的功名和勋业了。

就在高奣映出生前两年，明崇祯十八年（1645），全国处于一片战乱之中，云南境内一些土酋也乘乱而起。元谋土司吾必奎与黔国公沐天波部将李大赀发生冲突，并以此为借口兴兵作乱，声言："已无朱皇帝，何有沐国公？"无论元谋、昆明，还是楚雄、姚安，其动乱之时，高氏土司的利益也必然受到影响。在吾必奎称乱、滇中地区土流并治的局面下，高𦐔就已经意识到危机的到来。此时此刻，他应该做何选择？而他的选择，无论是对还是错，都将构成对家族地位的危害。然而，他又不得不有所行动。

吾必奎乱军攻下武定，进而向楚雄逼近。一旦楚雄失陷，乱军的下一个目标，将是高𦐔的领地姚安了。在这样的关键时刻，高𦐔义无反顾，挺身而出，亲率土府兵丁，实现了对叛军的致命打击。对此，由云龙先生所纂《姚安县志》记云："高青岳条必奎反状于沐黔国，后奉黔国檄，问罪必奎。"

先是报告，后是镇压，做得有条有理有节，关键是平乱成功而又不居功自傲，赫然一个世族豪雄的风范。"青岳"是高𦐔的字。在很多地方史志资料中，关于高青岳的记载，特别是关于其子奣映之"雪君"的记载很多。父子俩的勋业和功名，可谓青史坊间，交相辉映。

高耀平定吾必奎之乱的动机，种种说法，不外乎其利益受到伤害而振臂一呼，以及效忠大明王朝，维护一方安定等等，不管怎么说，其客观事实是暂时保住了一方的安定。可惜，作为一代土司，一位四品官吏，面对改朝换代的大势，却也只是有心杀敌而无力回天。吾必奎打出反明的旗帜，几乎横扫武定、楚雄、姚安三个府治，危及全省，虽然最终被忠于明王朝的高氏土司等“官军”镇压下去，但对于当时整个云南的局势来说，仅仅是动乱之秋危机的开始。全国动乱，地处边疆的云南也不能幸免。一场在改朝换代之际更大的动乱，由另外一个土酋沙定洲推向了高潮。而被卷入其中的高耀以及他的家族，几乎遭遇了灭顶之灾。

光禄古镇仍然处于一派繁华之中。肥沃的姚安坝子，自古就以鱼米之乡的美名享誉滇中；姚嶲古道上的商旅脚夫，熙来攘往，更兼不时走过徐霞客、杨升庵这样的诗人墨客，使得高氏土府衙门的门庭，更加显得荣耀至极。当然，高耀并没有一厢情愿地陶醉在平叛的胜利中，他知道，他所要面对的，是一种更加严酷的“山雨欲来风满楼”的局势。

沙定洲乘乱而起，并以平乱之名攻占了昆明，在此之前的平乱中，面对凶悍的吾必奎，高耀所率的府兵似乎是一支主力军，对整个战争的胜利起到了决定性的作用，可是这样一来，他也就理所当然地被绑在了沐天波的战车上，再也无法脱身了。历史铸就了一位铁骨铮铮的“大明忠臣”，而在改朝换代的明清交替之际，这注定是一个悲剧的角色，并且要为此付出惨重的代价。这种局面对于后来他的接班人高奣映来说，又将意味着什么呢？

沙定洲进驻昆明，沐天波众叛亲离，几乎没有任何抵抗能力，惶惶如丧家之犬，沿滇西出走。这支溃逃队伍到达的第一个重镇，便是地处古滇洱道中间的楚雄。沐天波坐镇楚雄，欲与乱军对峙，也许，这也只能是他的一厢情愿罢了。在楚雄，沐天波急召高耀前来护卫。当高耀携身怀六甲的夫人率几乎全部家丁赶来的时候，似乎已经下了决心押上了全部身家性命。在母腹之中的高奣映，就这样第一次接受了战火的洗礼。

关于这次楚雄保卫战，很多史料皆有记载，其惨烈程度，无不令人赫然色变。当时，镇守楚雄的金沧道副使杨畏知，一条血性的汉子，一位骁勇的战将，他与沐天波一起，面对应召而来的各路土官将佐，各自是一种什么样的心情，已经不得而知了。无情的事实是：他们所要面对的，绝不仅仅是嚣张的沙定洲，更是已经占据了大半个中国的清王朝。大局初定，历史潮流不可阻挡，对此，众将群豪一致认为，西走永昌不但能够避开叛军的锋芒，而且在目前的形势下，不失为一种稳妥的战略性转移。

就这样，高耀携家带口，护拥着沐天波西走永昌。

然而，人算不如天算，一个偶然的机会，使高氏家族的命运发生了逆转。

历史从来都没有“假如”。倘若这次高𥶡携妻小家人随沐天波西走成功的话，不但不会出现一代土司和名儒高奣映，而且整个家族的历史都要改写。这样的结果，也是我们后人不愿意见到的。

清顺治四年（1647），崇祯皇帝的弟弟朱由榔在广东肇庆称帝，建元永历。各地反清的声音又出现了一个短暂的高潮。云南的局势也发生了重大的变化。张献忠余部孙可望、李定国率领一支溃败的“大西军”进入云南，企图利用云南的有利地形，建立根据地，抵抗清朝。“大西军”的进入，给了沙定洲部迎头重创。云南境内一场惨烈的土司骚乱，得到了平息。当时，反清是云南境内各种势力共同的声音，当孙可望、李定国的这种声音传到杨畏知耳中，又通过这位铮铮铁骨的战将传到沐天波耳中之时，一个临时的统一战线也就似乎顺理成章地建立了。

饱受奔走之苦的沐天波，又匆匆回到了省城昆明。携家小与这支溃散队伍亡命滇西的高𥶡，本来对国家已经不抱任何希望，只求与众前明遗臣同生死、共存亡，以尽忠义之节，孰知形势一时逆转，便又率妻小和家丁东归，并在途中与众人告别，折而向北，回到了光禄古镇，回到了久违的府邸。

一场大的动乱之后，高𥶡已经身心俱疲。虽然对于故乡觉得山川依旧，族裔依旧，历经战火洗礼的府衙匾额，也依然耸然而立。面对这一切，高𥶡感慨万分。出门就已身怀六甲的夫人木氏，这一路走去走回，已经临盆在即，这给格外看重家族传承的高耀带来了希望的光亮。经历这一次仓皇出走之后，作为多年来封建王朝的政治受益者，作为十分看重家族荣誉的高氏传人，高耀尽管在骨子里关于忠臣义士的理念未变，但对政治似乎已不那么热心了。

秋风萧萧，明月在堂。是年八月十八日丑时，中天的月亮将光禄古镇盈溢在一片银色世界之中，高奣映呱呱坠地了。从顺治二年（1645）吾必奎叛乱到高奣映出生，三年不到的时间，与高氏家族有关的诸多事件，使这一个荣耀了数百年之久的显赫家族的命运发生了逆转。如果说高耀平息吾必奎之乱有功，那么沙定洲的占据昆明，沐天波的出走，大西军的进入，这一系列事件使忠君报国的一代土司坐上了即将沉没的帆船。高奣映出生前一年，他的外公丽江土司木增就去世了。一代文星陨落，作为女儿和女婿的高耀夫妇，自然悲痛万分。

关于木增的话题，关于高氏和木氏之间的友谊加亲情的话题，作为滇中和滇西北地区民族团结一段历史和佳话，在任何时候，都值得我们传颂。

动乱之秋的神童

时值仲秋，从元明开始世代为姚安高氏一脉镇守的光禄古镇，虽然是一派战乱期间的荒凉，但是正因为有了新的一代传人的出生，不但高府上下，而且整个家族，甚至治下深受其惠的乡亲百姓，各族各界，都洋溢在一种喜盈盈的气氛中。生于战乱的高奣映，就这一点而言，应该是荣幸的。

关于高奣映出生时高氏家族的境遇，以及作为一代土司高耀的心境，不少史书都有记载。综合各家，可以看到，在关乎自己的事功和前程灰飞烟灭之后，儿子的出生，使他光宗耀祖的事业有了寄托。他紧锁的眉头舒展开了，他要大张旗鼓地庆贺一番，借此扫扫笼罩在心头上的晦气。

高氏家族都被高耀的情绪所感染，他们张灯结彩，大摆筵席，为未来的世袭土司祝福。面对如此热烈的庆祝场面，高耀心情是十分复杂的，但他深深感到欣慰，高氏家业经过数百年的苦心经营，已经根深蒂固了，自己虽不能建功立业，为家庭增添光彩，但只要有了后代，有了事业的继承人，就有了希望，就有了世泽绵延的明确远景。从此以后，他的责任，就是要按照历代祖宗的教导，全身心地培养教育儿子，让他成为一个自己心目中的理想继承人。

高奣映刚刚牙牙学语，就表现出了出众的天资。作为儿子第一任启蒙教师的父亲高耀，在天真的幼儿面前，心情也一时变得开朗起来。此时此刻，他真想忘却国家的苦难，忘却家族所面临的危机，忘却戎马的奔波。他常常把儿子抱在膝上，耐心地给儿子讲些有趣的小故事，经常逗得孩子笑个不停。关于这一方面的记载，很多史书和民间传说略有提及，当然，更多的却是

高氏宗祠

关于这位忠于前明深知天下大势不可逆转却要刻意为之的一代土司，对儿子、对家人严峻而刻板的面孔。虽然他不是一个特别严酷的人，也许，这是当时的生存环境使他不得不这样。

俗话说，三岁看八十。这一点，高耀是格外注重的。他对孩子的教育非常严格，不放过任何一个细节地循循善诱，来教育和引导自己的儿子。只要一看到孩子有过头的表现，尽管孩子只是凭着幼童的情趣任性为之，高耀也要摆出一副严父的面孔，加以呵斥，常常唬得孩子大气都不敢出。以至高奣映长大以后，虽然由衷地敬爱父亲，却难免过犹不及，俯首帖耳，畏惧有加。

后来，出家的高耀到昙华山建寺长住时，已届中年并且有了一定的名气和声望的高奣映，还要频频去昙华山，接受父亲的教诲，乃至接受“杖责”。可见高奣映的这位严父，严苛到了什么地步。

关于高奣映在大姚县华山跪受父亲“杖责”一事，不是传说，不是人为制造的所谓“典故”，而是确有其事。对此，记述最为充分的要数民国《姚安县志》以及姚安、大姚等地的史志中所留存的文献，例如《姚安县志》所载甘孟贤撰的《高雪君先生家传》等。这些史料皆多对高奣映或颂其功业，或述其学业，或赞其贤德，但内中所透露的，或多或少都有其严父高𦒿的种种威严行径。也许，严父慈母是高氏的一种传统，一种美德，但是，此时的高𦒿，其对幼子的严厉，是否因为面对改朝换代的严酷局势，身负沉重的压力所致呢？也许，这也不是什么神秘的谜团了。

当然，高𦒿对儿子的苦心培育，最大的希望就是使他成为符合自己理想的高氏土司家族的继承人。这也许是他变得那么严厉的一个动因吧。为此，首先就是要求儿子学业有成，读书上进。顺治八年辛丑（1651），高奣映满四岁，正式启蒙读书，高𦒿为儿子物色到了品学兼优的教师。高奣映除了睡觉休息以外，绝大多数时间都在父母和教师的监护下生活。好在他似乎天生就与读书结下不解之缘，幼年就对书本产生了浓厚的兴趣，成天乐此不倦。对他来说，书本就是一个丰富多彩、十分有趣的世界。

高氏是滇西有数的豪门望族，也是有名的书香世家。远的不说，离高奣映最近的几代祖先，都有比较渊博的学识和卓越的才华。高奣映的高祖高金宸，曾任姚安知府的著名学者李贽在《贺世袭高金宸膺奖序》一文中称赞他：“年幼质美，深沉有智，循循雅饬，有儒生风。”高奣映曾祖高光裕，《姚郡世守高氏源流》称他：“居官恬静，政不扰民，征调出师，与士卒同甘苦。”高奣映的祖父高守藩，被认为：“为人英敏，耽情诗酒，著有《龙溪小窗集》及别韵甚多。”高奣映的父亲高耀也是一位很有文化修养的人。史书称他深受儒家思想的熏陶，“生平坐立无倚。言笑不苟，喜怒不形，语非规即述人之善……此外则泛览三教书”。

历代高氏祖先不但进行了相当程度的知识积累，留下了大量藏书，而且有的还兴修文庙，培植士风，甚至著书立说，从事文学创作。这种家传的学风，使得高耀驾轻就熟地把高奣映放在一个文化气氛浓烈的学习环境之中。

高氏宗祠大厅

不仅如此，高氏家族集数百年之经验，为了让子孙能够迅速成长，支撑高氏世袭土官的门户，光大高家的祖业，把“家教”提到了相当重要的位置。可以认为：重视家教而且家教有方，也是高氏家族的一大传统。这样一种价值观念和优秀传统，是在中华文化与边疆文化不断交融的过程中形成的，也是高氏家族历代的有识之士努力进取的成果。

关于高奣映父子，甚至整个高氏家族，他们数百年来重视家教，为此积累的很多经验，以及他们历代传人为“率然有教”所采取的种种举措，所做出的种种努力，所留下的种种描述和言论，都值得后人总结和探索。

上代高氏祖先如何重视家教，如何培养教育后代，因史料阙如，已难确知，但从高奣映重视家教的许多著作中，可以窥其一斑。晚年的高奣映不但像自己的祖父、父亲一样，对子孙辈施以严厉的家教。立下最严格的学规，而且对这一传统做了深刻的反思和系统的阐述。高奣映认为，高氏家族在姚安之所以能够兴旺发达，绵延数百年，就在于高氏历代人才辈出；而能够人才辈出，就因为高家从来都十分重视教育。人才辈出的条件就在于一个“教”字，为此，广兴教育是高氏家族的立身之本，而家族的兴旺延续，则又有赖于家教。历史上有很多钟鸣鼎食之家，最多也就能够延续三代之久。富贵家出浪荡子；败家之由，往往由此而起。关于这一点，是高奣映所强调最多的。后来终成大器的他，不但继承父志，身体力行，而且以此为题，做了很多研究和总结。

后来集高氏家教传统之大成，更是集高奣映所掌握的中国传统文化之大成写下了不朽著作《迪孙》。这是关于中国传统文化独特的笔记体心得体会，而其所针对的，便是教育子孙。高奣映在《迪孙》的序中说："圣贤之书，统之教人诚孝恪忠，慎言敏行，检迹立身，以扬名后世耳。无非使此心为仁者之域，无非使凡行入义者之门。"家教不光是一种文化教育，更有着教导、教化、培育的意思，因此，高氏家教的着眼点就在于"育人"。高奣映成长得早，做祖父也早，据有关史料记载，应该是三十八岁时，他的长子高映厚就给他添了一个大孙子。三十八岁做祖父，这是他的福气，为此，他同样以望子孙成器的心情，写下了著名的《训子语》。在这篇文章中，他以教为题，以教为纲，把家教提到了能够作为家族繁衍、子孙建功立业而光宗耀祖的根本情由这样的高度，来加以认识。《训子语》开篇就说："圣人因严以教敬，因亲以授受。"接着，历数了作为"贤人之后"的高氏家族，能够香火不绝、福祉延绵、历代有杰出人才的缘由，就在于遵循圣人的教导，向古代圣贤看齐，重视家教的结果。

应该说，高奣映的这番总结，不仅道出了至少从大理国以来，滇中高氏家族所树立的一个优秀传统，那就是不以地处西南边疆交通闭塞为囿，大胆地走出去，与内地先进技术和文化实现了最佳效果的交流与交融，而且以修身立德为本，以封建社会所树立的自孔子以来各类圣贤为榜样，不是迂腐地一成不变地拘泥于古人，把自己变成一种被动顺从的腐儒，而是为我所用，最终达到家族繁衍和昌盛的目的。

当然，作为少数民族土司世家的高氏家族的“家教”，说到底就是儒家传统的教育思想。对他们而言，首先是教之以德行，其次是教之以礼仪，然后才是教之以学业。这样的家教，从头到尾贯穿了伦理道德的因素。以伦理思想为核心内容的儒家思想，也是高氏家族家教的根本所在，以至于高家历代代表人物，把儒家的“立德、立言、立功”放在首要位置，不仅历代土司把追求以上境界视为家教的最终目的，而且高家繁荣昌盛的原因，就在于某种程度上实现了这一目标。高氏土官世代承袭，绵延数百年，垂范一方，这是够荣耀的，这份荣耀得之不易，维系下去更为不易。这就是高氏土司小心谨慎，为朝廷驰躯效命的精神动力，唯有用儒家的伦理思想才能解释清楚的缘故。

高氏家教的重要内容有一项是“胎教”。所谓胎教，就是对母腹中正在形成的婴儿进行教育。关于“胎教”，经当代科学证明，是一种对于母腹之中的生命，从母体到母体所处的环境进行刻意的安排，以达到一种感染、熏陶、塑造的效果，并且这种效果对形成之中的生命来说，是相当显著的。在三百多年前高奣映出生之际，甚至在更早的滇中高氏家族显赫于云岭大地之时，一个作为文化的土司世家，就有了这样的认识，有了这样的家族传统。这是一种多么值得我们总结的现象啊！

高氏宗祠牌位

秉承家风家规，沿袭历代祖先所立下的规矩，当高斎映的母亲，丽江著名土司和著名诗人木增的女儿，有孕在身的时候，生活于动乱年代的世袭土司高耀及整个家族就自然地认为，这时的小生命已经有了意识，已经可以接受教育，因而他们对怀孕的妇女，立下了种种规矩。也因为如此，木氏夫人在怀孕前后，就开始“不茹腥膻，不厚滋味，身端心诚，言笑不苟”。对其家庭成员，也有一些很具体的规定，比如，“相亲相成者有素”“举家又必戒杀以养慈，戒性情以养和”“男子不御内，而焚修之事、祭祀之礼不缺”。凡此种种，给人一种严肃庄重的感觉，与现代人重视胎教，认为怀孕期间，要保持身心愉快，感官上多接触美的东西相比，确实有很多封建礼教的影子，确实有很多有违人性的地方，使人觉得，这似乎不是地处边疆民族地区的土司领地，而是一个比起内地任何一个封建家族毫不逊色的礼仪之家。由高斎映的祖先所立下的这些家规，倘若把它置放在内地任何一个礼仪之乡，不特别加以解释，那么，谁又能想到这是一个土司世家，一个民族领袖人物辈出的家族所制定并且严格遵守的规则呢？

由此而联想到，高奣映的母亲，这位伟大的纳西族女性，她的责任，她的处境，她的选择，是多么艰难倍至啊！因为，像她这样一位名门闺秀和一位知书识礼的母亲，所生活的年代遍地都是战争的硝烟，时时都面临着关乎生死的考验。作为贤内助，她要和高耀一起渡过难关，承担起家族传承和兴旺的重担。而当时明清交替已成为不可逆转的趋势，那么，深受前明恩惠，又得到后来逃到云南的永历帝小朝廷恩宠和倚仗的这个家庭，又应该是一种什么样的结局呢？事实明摆着，她要与丈夫一起，以全家族的忠孝之名为先。对此，她义无反顾地顺从丈夫的选择，是没有问题的，但是，她又肩负着对儿子的生和育的更大责任。这对她来说，又意味着什么呢？

高奣映的母亲木氏夫人，在随军奔赴永昌途中，奔波劳碌之余，仍然要小心翼翼地遵守这些规定，不敢越雷池一步。此时此刻，高氏值得炫耀的家教，就显出了许多不近人情的地方。实际上，在当时，如果正在形成的小生命真有意识，他所接受的不是那些禁忌对他所形成的规范，而是频繁的战乱和动荡不安的社会形势，是百姓的啼饥号寒和遍野哀鸿！所以，对高奣映而言，父母所沿袭的“胎教”，全给动荡的时势打破了。试想，高耀随沐天波奔波于滇西漫长的道路上，一方面是战火不断，另一方面则是沿途黎民百姓的啼饥号寒，怨声载道。这样的大环境中，在母腹里的高奣映，所接受的“胎教”又是什么呢？当然，这时他们所处的战乱环境，何尝不是另外一种胎教呢？

聪颖可爱的小奣映，从四岁启蒙以来，在教师和父亲的教导下，不但熟读了今天我们仍可以开出一长串名单的古代启蒙读本，而且也接触了一些经典名著，关于这方面的记录，在一些史料中，特别是后来在他本人的一些著述中，都可以看到踪迹。总之，作为一位土司世家的后人，高奣映和他的几个著名的祖先一样，所读和所学几乎与内地名门世族无异。此后不久，他在父亲的教育和指导下，又开始了“四书五经”的学习。一些启蒙课文、古典诗歌，他背诵起来朗朗上口，深得塾师和长辈的称赞，他的一些早年课业，已表现出其颖异的天资。他六岁进私塾，塾师也是一位饱学之士。私塾学习在人们看来是枯燥无味的，但对高奣映来说，由于基础打得好，天分高，仍然激起浓厚的学习兴趣。他不但接受快、领悟深，而且过目

高氏三十四世祖
量成公遗像

成诵。据说，他向老师提出的一些问题，已远远超过一名六七岁儿童的智商水平，在家族和亲友眼中，都把他看成是一位神童。

之所以详细地介绍高奣映幼年时期读书学习的情形，介绍他的这个家族重视教育，甚至连现代所看重的“胎教”，也表现得那么投入和周全，是因为自古以来，在滇中地区，在整个红土高原，各族人民不以险恶的地理环境为囿，努力学习外来的生产技术和先进文化，实现了最佳效果的文化交流和民族融合。这是社会进步的重要表现，也是社会不断向前发展的根本原因。这是一种优秀的文化传统，需要我们在新的历史时期，在几乎不受空间限制的信息时代，更加深刻全面地发扬光大。任何人物的成长都与环境有关，高奣映后来的脱颖而出，家庭环境对他的影响是至关紧要的。

作为滇西地区的名门望族，至少从有史料记载的唐宋以来，高氏土司家族自觉地把自己作为中华民族大家庭的一个成员，努力学习中原文化，以开放兼容的胸襟参与了中华民族文化的传承和发扬光大。历代高氏土司不但以儒家的伦理道德规范教育儿孙，以最能体现儒家思想的诗书作为儿孙学习的教材，而且还一代又一代地作了颇具规模的文化积累，使儿孙徜徉于传统文化的海洋里。这一方面的事迹，举不胜举。

说到高氏家族的文化盛事，有很多实例，有很多话题。例如关于藏书的故事。在古代，图书典籍虽然浩如烟海，但书籍是珍贵难求的，特别在交通闭塞的西南边疆地区更是如此。而欲以文化为基、诗书传家，书籍首先是不可缺少的。这也就有了关于高氏家族求书和藏书的很多故事。现在看来，这些动人的故事后面，所体现的少数民族上层人物的思想境界和文化品位，是值得后人尊重的。

据民国《姚安县志》记载，高奣映的远祖高泰运，“于宋徽宗崇宁二年（1103），奉遣朝宋，求经籍得六十九家，药书六十二种以归，于全滇文化厥功尤伟”。这不但是高氏家族对于边疆文化发展的辉煌业绩，也是云南古代文化交流史上的一段佳话。这些书籍在大理国内手抄版印，广为流传，当然也成为姚安高氏子孙的最早藏书。到了高奣映这一代，他家的藏书已是十分丰富，甘孟贤在《高雪君先生家传》里说：“藏古今书籍于拂雪岩，编为十号，每号千数百卷。三姚缙绅，蓄书之家，莫与为比。”拂雪岩在高奣映归隐所据的结璘山，可惜由于战火与几百载酷暑严霜的风风雨雨，至今已无遗迹可供瞻仰了。粗略地计算一下，那时他家藏书，已达万余册。这也是高奣映能够博览群书，成为一代大家的一个重要条件。对此，由云龙先生在《姚安县志》里这样介绍高奣映：

明社即危，海内鼎沸，姚邑遭流寇惨屠，一切残破。唯高奣映袭世职之后，藏书甚富，幼即嗜书成癖，寒暑无倦。且天赋雄才卓识，过目成诵。

这里由云龙先生所强调的重点，是高奣映的天资与勤勉，但内中所透出的信息，却是高氏家族对于文化积累的突出功绩。倘若没有这批洋洋万余册的藏书，身处乱世的高奣映，又从何处去接受浩如烟海的中国传统文化呢？书籍是人类进行知识积累和知识传播的重要媒介，高奣映非凡的天资与勤勉，固然是先决条件，但是有了这批蔚为大观的藏书，才为这位少年天才提供了用武之地，这是毫无疑问的。高氏列祖列宗，他们所进行的长期的文化积累，对于高奣映的成才，确实积下了无量功德。

高奣映作为边疆地区主动追求中原文化的少数民族土司，虽然通过勤奋苦学，可以具备一定的文化水平，但由于地处偏僻、交通闭塞，难以同海内著名的学者交往，难以得到名师的指点，要在学术上有所创见，成为一代大师，其艰难程度可想而知。但与此同时，这也许可以成为像高奣映这样具备了天资和勤勉的莘莘学子的一大优势。因为有了大量藏书，高奣映与中原学者阅读的机会是均等的，在知识方面，能够站在同一起跑线上，获得精神创造的决赛权。同时，正因为有了博览群书的条件，虽无名师指点，但却可以转益多师，使自己的见解更客观、更公允、更独到，更能具备众家之长，更有广阔的个人创造的空间。这也许就是高奣映日后能够不囿于门户之见，对于各种学说都采取一种批判的态度，从而自成一家的重要情由。学习见解往往是在比较、分析的基础上形成的。书籍把高奣映导向了另一个世界，使他尽可能地博览精研，从而胸襟更为开阔，视野更为深远，见解更为精辟。如果没有青少年时期这番刻苦学习，进行扎实的知识积累，那么，他后来又如何“立言”？

历代高氏土司虽然重视文化教育，高奣映虽然天资聪慧，勤奋好学，但是，他所生活的年代注定了他不能只做一名埋头苦读的书生；改朝换代的客观环境也决定了他不可能做一名平稳过渡的世袭土司。历史偏要赋予像他这样传奇人物的传奇人生。高奣映的学业值得肯定，他在当时云南乃至整个中国的学术地位，现在看来，也是非常值得重视的，但是，更重要的是他作为一名土司，一名少数民族上层的优秀人物，在战乱年代，在明清交替之际所表现出来的大智大勇，那才是非凡的经历和传奇呢！

从李自成起义到清军入关，明王朝的灭亡忽刺刺似大厦倾，只在数年之间就已分崩离析，但是，清王朝平定全国却经历了更长的时间。

明朝灭亡后，朱姓的王爷相继称帝，欲与清军决一死战，以延续朱明的国祚。永历帝朱由榔就是在这样的时候，在广东肇庆称帝的，后来一直败退到昆明。作为前明忠臣的高耀，与沐天波和一些前明老臣，以及各路民族上层人物一起，护拥其周围。永历帝封高耀为太仆寺正卿。这是一种古老的官衔，出自《周礼·夏官》中“太仆”之官，职掌壬之职位，出入壬之命意，相当于皇帝的贴身秘书，又称“同卿”。五代时专设太仆寺，后历代沿之。授高此职，当是把他视为贴近的人了。

高耀在永历帝身边任职，这样一个苟延残喘的南明小朝廷，其前途如何，是可想而知的。高耀此时年方青壮之年，若在以往，前途当然不可限量，而此刻却只能是一个陪葬品，知其不可为而尽力为之，当然是为了尽一个“忠”字。在以“大明忠臣”自居和自誉的高耀眼中，清朝的建立是异族入主，何况他的家族二百多年以来深受明朝之恩呢？此刻，他和他的家族已经自陷绝境，他当然心知肚明。但他没有更多地去想，而是继续尽他的臣子之分。在此期间，他携幼子经常往来于姚安和昆明之间。这就有了关于高奣映“双目贯日，八岁朝天”的故事。

高奣映的父亲高耀升为南明太仆寺正卿以后，和永历帝接近的机会更多了。他是那样喜爱自己这个过目成诵的幼子，同时，高奣映那些近乎传奇的神童事迹也渐渐在昆明和朝臣中传播开来，而且传到了永历帝的耳朵里，于是有了一桩桩永历帝与高氏父子之间的动人故事。

相传高奣映八岁那年，随父亲朝见永历帝，永历帝见小奣映长得目光灼灼、聪俊可爱，不禁龙颜大悦，极为爱惜。他不顾自己九五之尊的神圣地位，把高奣映抱于膝上，详细询问了他的读书情况。高奣映神态自若，对答如流，而且多少有点自豪地告诉永历帝，他已经读了四年的书。永历帝十分惊喜，灵机一动，想要试一试这个“神童”的文才，便问高奣映道：“我出一联，你能对吗?”高奣映一听皇帝要考他，来了兴趣，连忙恭请皇帝出题。永历帝略一思索，说道：“八岁神童。”高奣映想了想回答：“三代知府。”永历帝高兴得把他连连称赞，多年来为国事忧心如焚，如今看到自己朝臣有这样的神童孩子，他仿佛看到未来的一线光辉，不禁舒心地笑了。

永历帝以“八岁神童”道出了高奣映的身份；高奣映以“三代知府”讲出了自己的身世，为自家世袭知府而引以为自豪，可谓对得自然成趣，寓意深刻。这便是传说高奣映“双目贯日，八岁朝天”的由来。不管这个故事真实与否，当时在云南文人墨客和民间着意渲染高奣映的“神童”资质，却是确定无疑的。

永历帝与少年高奣映之间的“知遇”，权当是明朝灭亡之后发生在云南境内的一件趣事，而记录这样一件趣事的虽然有后来的一些史志典籍，但更多的却在民间，在各族人民的心目中。当时，肯定在永历帝身边不止高奣映父子，还会有一些前明遗臣和民族上层人物，这其中不乏一流的文人墨客，他们对于少年高奣映的出类拔萃，肯定都会惊叹不已。

皇帝的知遇之恩使身兼太仆寺正卿和世袭土同知两职的高耀感激涕零，他把自己和南明小朝廷联系得更加紧密了。在那一段时间，高耀至少扮演着三种角色：在朝廷和土司衙门中，他是一位忠心耿耿、勤勉王事的臣子；在佛祖面前，他是一名虔诚的佛教徒，追求从苦难中得到解脱；在家里，在儿子面前，他又是一位叫人肃然起敬的家长和严父，把家世绵延的希望，寄托在儿子身上，为儿子的读书上进，感到无比的宽慰。后来，高奣映在他的《训子语》中，忆及这方面的情况时，深情地说自己“入塾一二岁后，常课经书外”，必须听父亲“讲明忠孝之大节，人情物理之曲折”。对于高奣映的学业，高耀也时时亲自督导，稍有疏忽，就会毫不留情地责之以杖。直到高奣映40岁时，父亲已出家为僧多年，“犹跪受父杖责，无怨怼”。严厉的家教贯穿在高奣映的整个少年时代，他“无昼夜寒暑皆读书，倦则静坐默诵，诵而又读，博涉经史百家”。

一个战乱的年代，一位出生于乱世的神童，一个重视教育和礼仪的家庭，演绎了一段为后来文人雅士所乐于吟叹和传诵的历史。几年以后，清王朝的统治基础更加巩固了，极为看重边疆民族地区的稳定，他们在云南所实施的民族政策也初见成效，而高奣映，一个传奇人物的传奇生涯，才刚刚开篇。

少年土司

明清交替之际，各地方志士仁人上演了一出出惊心动魄的悲剧。这位少年土司幼弱的身躯，也肩负着沉重的家族使命。

父亲出家

认真说来，早在大理国期间，滇中高氏家族已是仅次于段氏王族的一个名门望族了。大理国官制，除国王以外，有清平官数名，共同署理朝政。这一集政权和军权于一身的职位，从一代豪雄高智升开始，历经曾一度取段氏而代之的高升泰，到其后的泰明、明量、量成，几乎在整个“后大理国”时期，大理国的朝柄，多为高氏家族所把持。高奣映的第三十二世祖明清，开姚安高氏一脉，其权位最重时，任会川、越嶲、统矢三府演习。大理国的行政区划，共设八府、四郡等机构，府一级的演习，是一方诸侯。这种位置，相对于元代开始所设土司，地位当然不可同日而语。元代所设姚安高氏土司一职，始于第四十二世祖高贤。从此以后，高氏的土司承袭，得到了明王朝的承认，并更多地赋予了高家许多权利，其中府兵的建制也是所享受的特权之一。要不然，高耀何以有力量先是帮助沐天波，后来又为永历帝所倚重呢？

高氏土司承袭到了明朝末年，到了第五十一世祖高耀，似乎已经形成了一种惯例，那就是在任的土司有权把位置下传给自己的继承人。虽然还要上报朝廷，履行钦定的手续，那也只是走走过场而已。从元朝至元年间到高耀在任，姚安高氏土司世袭了三百年左右，已是根基深厚了。同前辈土司一样，高耀以土府同知职，署理姚安府事务，官居四品。到了这样的时刻，高䝉虽然已经意识到了在大明江山易主之时，他的土司世职，已经是末代了，但是，他还是依惯例一厢情愿地物色传承之人。到了高奣映出生，他终于如愿以偿了。知其危机而刻意为之，倘若不是康熙王朝继续采取安抚政策的话，高䝉的悲剧不知要有多么惨烈。

作为一位传奇式的人物，在高奣映的成长道路上，父亲对他的影响是至关重要的。然而首先使他铭刻于心的，却是父亲所处的时代和父亲那艰难坎坷的政治生涯。清顺治十二年、南明永历九年（1655），大西军首领李定国、白文选把永历帝护送到昆明，明朝旧臣沐天波成为永历帝主要依靠对象。高䝉明知大明气数已尽，但多年来接受的忠君教育，使他别无选择，决心报效南明小朝廷。于是，姚安土司高䝉成为当时投靠永历帝为数极少但却有实力有影响的土司之一。对高䝉来说，接受这一殊荣，好像是一匹驯良的战马重新被套上了笼头，配上了鞍镫，又要继续驰骋战场，为主人出生入死了。

南明小朝廷的偏安一隅毕竟是短暂的，强盛的清王朝当然不会容忍南明在云南的继续存在。顺治十五年、永历十二年（1658）十二月，清军分三路入滇，永历帝西奔永昌，高䝉全家追随；次年，高䝉被族人追至腾冲，劝回，高䝉在鸡足山出家，将世职交与高奣映。其时，高奣映才十二岁。高奣映小小年纪亲身经历了南明小王朝覆灭的最后时刻，亲身经历了敬爱的严父出家为僧这样的巨大震荡，现实和他所受的教育有着如此巨大的差距，这必然引起这一位聪明好学而勤于思索的少年，对国家民族的命运和人生信念的深深沉思。

清军大举出兵西南，以锐不可当之势攻克了川滇黔交界处的许多重要城镇。永历帝急召群臣商议对策，决定出走。当时群臣献策，有两条撤退的路线，一是西走永昌，必要时逃往缅甸；一是南走安南，可与两广残余的拥明势力联合，共同对抗清军。最后接受沐天波的意见，再次西行。这一次，高耀带上土司府的兵丁和全家老小，匆匆赶到楚雄，护驾西行。但这一次追兵已不是小小的反叛土司沙定洲，而是拥有数十万劲旅的清军了，摆在高耀面前的局势更加严峻。这可谓明知山有虎，偏向虎山行。不可挽回的悲剧结局，由此而注定了。

高耀追随永历帝小朝廷，几乎倾其全部家底，种种人力和钱财，几乎消耗殆尽，这段历史，在整个云南都是出了名的。有人说他愚忠，说他知其不可而为之，不知给姚安一脉的高氏家族带来了多少后患，这是事实，无论是谁都改变不了。在新的清朝统治者眼里，这是一个绝对的死硬分子，是一个螳臂挡车的匹夫，这是不可回避的事实。那么，如何解释他这一种以现在眼光看来似乎是逆历史潮流而动的行为呢？有人说他是一个知恩图报的君子。朱明王朝有恩于高氏，有恩于高氏领地的各族人民，比如从洪武年间开始所采取的军屯民屯政策，为其地方的发展与安定奠定了一个多么好的基础；

姚安龙华寺内的高氏女尼塑像

明初设姚安府，后升格为姚安路军民总管府，世袭的高氏历任土府同知，与同职同位的流官交好，一起为一方的稳定与发展，为一方的广兴文化教育，开启民智做下了多少可歌可泣的好事、实事，为当地的各族人民所拥戴。面对改朝换代，高耀注定要奋起抵抗，即使拼上身家性命也在所不惜。

这是典型的以报恩思想来说明高耀携家小拼死抗拒

清王朝的行为，并为其开脱。这种解释更多地留存在从《康熙楚雄府志》到民国《姚安县志》等各种史志中。这种说法合理合情，当然内中也包含了既得利益者为捍卫自己所必须进行抵抗等意思，只是为尊者讳，不便明说罢了。所有这些解释，是符合实情而且表述得当的，但是，如果仔细研究高氏家族的历史，把目光放在这个世族数百年一直坚守的理想和信念上，就会发现，更根本的因素还在于其所奉行的忠君思想。高耀作为这一名门望族的继承者，虽然生不逢时，一身才华和报效桑梓的心愿不能施展，但是，其所看重的节操和名声却不能不顾，他不能事二主，做逆臣，哪怕是死，也要博得一个"忠臣"的美名。这便是他誓死效忠永历帝的根本动因。殊不知他为个人的名声而四处奔走不要紧，却给家庭和家族带来了空前的危机。

高耀从姚安赶到楚雄，在这一方重镇与永历帝一行汇合。君臣一起，惊慌失措而又互表衷肠，栖栖惶惶盘桓了几天，便相伴到达永昌，因清军追赶甚急，又逃到边境腾越。李定国的大西军也和永历帝分开了，腾越也不能久待下去。按照沐天波的建议，南明小朝廷要退到缅甸的阿瓦和大公等地，在那里召集逃散武装，建立根据地，以图东山再起。永历帝跑得那样快，只有少数皇室人员与护驾大臣追随，小小的太仆寺正卿高耀终于被甩在了腾越。

就在这里，就在这样的时刻，姚安高氏族人赶到了，他们带来了吴三桂的口谕：如果离开永历回去，世职还可能保留；如果继续愚忠下去，那么难逃覆灭的命运，祖宗数百年承袭的世职，也就要从此失去了。由于族人的苦苦劝说，由于一家大小的哀求，高耀终于决定返回姚安。

返回姚安之举和他的信念是完全违背的，回家去意味着什么，他也完全清楚。于是他途中决定将土府同知印信交与长子高奣映，自己在鸡足山大觉寺当了和尚。他唯一的希望，就是高奣映能够早日继承家业，并且应天顺时而使高氏家业有一个新的转折。可谓其希望愈甚，其责之愈切。高奣映传承高家的香火，似乎已迫在眉睫。可惜由于高奣映年纪还小，仅十二岁，还担负不起世袭土同知的重责，因此由高耀夫人木氏代为掌印，成年后再奏请承袭。

高耀一生，满心希望按儒家的教导，建功立业，报效朝廷。但他生不逢时，处于王朝交替的动乱年头，空有报国之志而一再受挫，最后不得不遁入空门，当时他年仅37岁。高耀的政治生涯，是与明代末世永历小朝廷的命运连在一起的，最终他不得不以明朝遗臣的身份，躲进深山，与青灯古佛为伴。对于他的事迹，旧《姚州志》、民国《姚安县志》以及其他一些云南地方史料，都有记载，都说他忠于明王朝，不愿仕清，因而上鸡足山削发为僧。

这又是一种什么样的局面呢？一方面，清军在中缅边境的深山老林，以泰山压顶之势，继续追剿永历帝小朝廷的余党。另一方面，像高耀这样的民族上层人物，新王朝的统治者能够网开一面，不但对他的殊死相拒不予追究，还允许他和他的族人回来，在自己的领地准备接受封赠，准备为新的王朝效力。而对高氏传人来说，这样一件大事，远远不是为朝廷效力那么简单；父老乡亲的安危，一方的稳定，全系于他的一念之间了。

试想一下，先是高耀举家小和府兵从姚安到楚雄，追随永历帝一路往西，从大理到腾冲，经历了多少奔波，多少惊吓。在中缅边境与清军对抗和周旋，又有多少折腾多少凶险啊！而后在不长的时间，在清军基本平定云南的情势下，领地内的族人，又历经了上千里的路程，跋山涉水，到腾冲找到了惊魂未定的他和他的家人。在这么短的时间内，所经历的，却是一场劫难与转机并存的历史动荡啊！此时此刻，用生不如死来形容这位家族的掌门人，是一点也不过分的。

在回来的路上，高耀把一身的烦恼，同时也把一肩的责任全都抛给了幼子高奣映。鸡足山是祖国西南地区的佛教名山，同时也是很多高氏祖先在此广结佛缘和广布功德的胜地。高耀选择在这里出家，并不仅仅是顺道而为，而是他觉得在这里找到了属于自己的一片净土。

高耀的思想与行为对后来的高奣映影响较大，而现存的一些史料又对此解释不一，所以有必要对他出家的一些具体情况作些辨析。据范承勋的《鸡足山志》《鸡足山志补》记载，以明朝遗臣身份出家的高耀，当时成了云南省佛教界的一个新闻人物。

范承勋《鸡足山记·人物》云：

> 悟祯，号友山，滇姚高氏子。致仕出家于大觉遍周，创昙华古佛林，精修梵行，数十年昼夜不辍，一切名山古刹，无不中兴。康熙己巳年七月六日坐逝，塔于昙华山。

“悟祯”是高耀出家以后的法号。他的师傅遍周和尚，是鸡足山大觉寺的高僧，高奣映晚年作《鸡足山志》，对他有详细的记载。范承勋所记，语言精练，但已经说明了高耀出家后的基本情况。

在《鸡足山志补》中，这位传奇人物出家后及此前的行状，是这样记载史册的：

> ……名耀，字海容，又字青岳，又字芝山，出家后更名悟祯。性孝友，好施予。沙定洲作乱，弃家从沐国公守楚雄，又从至永昌。及归，慨天下事去，常上僧舍。甲子，黔国公感其仗义相从，荐于永历，授太仆寺丞，升光禄寺卿，转太仆寺卿。播缅之役，从至腾越相失，遂归鸡足山，于大觉寺请水目无住师剃染。泛览三教书，暇及念佛，至不可胜记。庚午疾终昙华山。

从这段文字中可以看出，是黔国公沐天波因为他

"仗义相从"，才推荐给永历帝的。正是由于这种推荐和器重，断送了他的前程。不过，高耀从内心是乐于相从的。

高奣映退隐后编纂《鸡足山志》，专门为父亲写了一篇简约的传记。这篇传记充分表达了高奣映对父亲的敬爱之情，表达了对父亲一生生于乱世，怀才不遇的痛惜和遗憾。逝者如斯，对于幸存于世而又能够以一己之力造福一方、告慰子孙的高奣映来说，为慈严做传，俨然一篇悼念文章。

高奣映写道（译文）：

> 我的父亲悟祯，法号友山；他的俗家名讳就是高耀，字讳海容，号青岳，别号芝山。
>
> 想当初高耀少年之时，作为一名世家公子，读书之余，练习骑射，还对农耕之艺兴趣盎然，该是多么风光啊！可惜，当我的父亲年方十六，正当风华正茂之时，祖父和祖母就相继去世了。父亲承袭了姚安土府同知的世职，以幼弱之身，撑起家族的重担。当时，父亲为了表示对祖父母的哀悼，每天焚香行礼，几乎跪破了地苫。他从此断绝荤酒，乐于各种善事公益，舍施救济有难之人。这种习惯，他老人家保持了六十年而不倦息。
>
> 父亲亲于民而忧于国。当时，云南境内沙定洲叛乱，战火烧遍滇南和滇中大地，民不聊生。

父亲弃家而离开姚安故里，带领府兵赶到楚雄，在那里与黔国公沐天波汇集；后来，经过几次战斗以后，保护沐天波撤到保山。待到战乱平息，归来之后，在老家光禄的寺院里栖息，并认为：大明王朝的国运已告终结，我作为臣子，哪里还有家可言呢？

岁当甲子，黔国公闻知我父亲的忠义之行，大受感动。当时，正值永历帝迁朝廷于昆明，沐天波便把这一件事情相告之。永历帝即召见我父亲，当即便授了太仆寺寺丞一职，仍领正四品服俸。不久，升我父亲为光禄少卿，再转任太仆寺正卿，并封“通仪大夫”一职。

我的母亲木氏，对于我们这个家族的奉献也是很大的。当时，这位“贤妻”式的女性，所表现的无私和贤德也是令人尊重的。我母亲紧随父亲“播缅”，到了腾冲，因战乱而与南明朝廷众人分散，滞留在边疆。后来，我们高家的亲属子弟，追到了那里，苦苦要求我的父母回家。就在回来的路上，父亲上了鸡足山，到了大觉寺，跪请水目无住禅师剃染，度而为僧。

父亲给我的印象是严肃刻板的，他平常坐立笔直，不曲不倚，而且从不嬉皮笑脸；无论遇到多大的悲伤之事，他都能沉得住气，从来不把自己的怒火迁于无辜之人；他与别人交谈，无论在任何场合，都从不说别人的不是。父亲十分勤恳，每日鸡鸣即起，虔心向佛。他洗漱完毕，就坐在榻上，念诵《大悲咒》《楞严咒》和十二诸小咒等以后，到佛和菩萨座前，百拜而止。书写《华严经》二页，然后聚精会神，默诵《金刚经》《华严经》《三品经》等佛典。中午稍作小休，又开始礼佛念经。

父亲生当乱世，佛教是他精神寄托之处。当然，他的学问远不止于此，他所行的事也不止于此。

父亲博览群书，特别是除佛典之外，还于儒道二家别有心得，用功至勤。他出家以后，修行之心十分虔诚。念诵佛经，每天以三万声为基数，一直坚持到他圆寂。他经常自勉道：我向佛之心虽有，但根器浅，杂念又多，所以必须时时刻刻念佛，只有这样，才多少能够断绝虚妄。

广施博济，是我们高家的一贯传统。父亲出家前后，从鸡足山到昙华山，从领地姚安到足迹所及，每年施出的衣物有一百几十件套，并且，利用自己的医药知识，采药研丸，发给需要之人。总之，凡是能够给人们带来益处的，他都尽力而为，从不懈怠。他在光禄修了家庙，并且，利用家族的影响和财力，修建至德寺、昙华山的昙华寺、芝山的源泉庵、扑鼻居、玉屏山金粟室、待日坪、莲灯合霞峰顶慈云阁等佛寺建筑。

在他的住所，诸如敬老堂祀田、药局田等无不具备。他重修的寺院，有绍补寺、华亭寺等，而捐功德修葺的佛址，共有三百四十处。

记得父亲助修佛陀禅院时，传说有观音大士下凡，贡献香土而自塑身像，并且手执巨杵，掬成一尊圆石。石成以后，千人移而不动。在这样的时候，父亲净手焚香，祈祷完毕，轻轻一移，圆石动了；又轻轻一抛，圆石去了。佛陀禅院修成之后，这件事被广为传颂。还有一次，父亲在书写经书时，所用的河南汝窑出产的砚台沾水即有水从中而溢，源源不断，最后盛满了盆盂，再用水桶接上，也无法止住。水流愈来愈急，家人一时惊慌。父亲不慌不忙，一声喝道：我书写经书，那么诚恳专注，这是不用说的，而区区一股水注，也如此这般惑乱人心。便掷地而碎之，水也止住了。

像这样的怪事，还有很多。但这些事情发生以后，父亲多半不想更多的人闻知，所以，我也不敢过多地炫耀。

父亲庚午年（1690）准备在鸡足山建龙华寺，因在筹备过程中过度操劳奔忙，加之年迈体衰，不久便在晚年修行的昙华寺中圆寂。临终之时，对我说道：人本身是洁净的，所有一切污垢，都是自身惹上的；这个道理简单，但人未必都能悟透。你作为我们家族的传承者，要好自为之，说完便坐化了。

前辈范承勋作《鸡足山志》，父亲进入“名贤”系列；现在我写上这么一通，还在于悼念他老人家，也为后来作史志的人提供一点参考。

高奣映的这篇文章，对高耀出家为僧以后的情形，作了画龙点睛般的介绍。奇人奇文，殊为可贵。如果说后来高奣映的事功和学术成就，源自于个人的才华，源自于家传和家教，那么，他父亲的言行，他父亲的命运，他父亲对人生与社会的种种理解与追求，都对他产生了决定性的影响。所以，介绍少年高奣映，不可避免地要对他的家族和父亲多写上几笔。

高氏家族从大理国开始，甚至从更久远的三国时期高定开始，有很多著名的历史人物。也许，这些历史人物身上的光环太炫目了，以至像高耀这样算得上人中龙凤的大土司，也没有得到更多的关注。他的儿子高奣映，似乎从事功到学业都比他优秀得多。还有他们尊之为“一世祖”的高定，无论他是与孟获齐名的民族领袖，还是诸葛亮麾下的一员猛将，他的威名，他的历史地位，都似乎是高耀所不能比拟的。

然而还是有不少人仍然对高耀寄予了关注，因为无论立足高氏土司传衍的关键时刻，还是明清之际滇中、滇西地区佛教的历史，高耀都是一个不可忽视的大人物，更何况高耀还是高奣映父亲，是一位在某种程度上来说决定了高奣映性格和命运的尊长呢?

历史上关注高耀的首推近代著名历史学家陈垣先生，他在《明季滇黔佛教考》中写到了高耀，并对高耀的很多事迹做出了考证和探索。比如关于高耀的去世时间，各种志乘都做了许多记载，但都各依各说，不尽相同，有说己巳年，有说庚午年，当以高奣映所志为确。高奣映为父亲做传，记入了一些传闻，事涉神异，当然姑妄听之，也算是一种趣事吧。

对高耀出家后更为详细的情况，陈垣先生在《明季滇黔佛教考》一书中做了一些比较分析。关于卒年和为他剃度的禅师，陈垣先生的意见和高奣映一致；关于沐黔国向永历推荐的年代，永历无甲子，高奣映和历史上的其他记载是错误的。应以陈垣先生甲子为甲午之误一说为当。关于高耀出家鸡足山大觉寺一节，陈垣认为：大觉寺是鸡足山名刹之一，这座寺庙“在紫云山前，万寿山

姚安路军民总管府

上。万历初，寂光寺僧儒全建一小庵。十七年（1589），楚雄僧木安、吴僧佛登赍慈圣太后懿旨，颁藏经至山。三十年（1602），僧可全拓为大寺，于殿前建二观楼以贮藏经，二观者，取《道德经》有欲无欲之意”。建于明末动乱之年的这座名刹，成了报国无门、颠沛流离半生的高耀的一个理想的归宿。这也是一种缘分吧！

陈垣乃一代史学大家，他所撰写的《明季滇黔佛教考》，当是权威之说。高奣映父亲的大致经历和出家的更多情况，应以此说为准。

中国知识分子在少壮时期，都十分热衷于功名，因为这是封建社会士的阶层之人生理想的最佳选择，然而，共同的归宿往往却是达则兼济天下，穷则独善其身。这也是以进取为主要特征的儒家思想和以“退让”为其旨归的道家思想的区别所在。一儒一道，一进一退，互有区别也互相补充，构成了许多封建时代知识分子的人生之路。高耀对于人生道路的抉择，也恰好印证了这一点。而他这样一名土司，一名与永历小朝廷有千丝万缕联系的民族上层人物，却在特殊的政治环境下，在特殊的地点走了一条与中国古代许多名士相同和相通的道路。中国封建社会主流文化大背景下的各种人物的命运，在关键时刻，竟也如此殊途同归。

一代土司高耀抛家弃口，遁入空门，是否就从此与世无争了呢？他的夫人木氏虽然贤淑善良，但毕竟只是一个女流。在当时封建社会男权主义占绝对权威的时候，木氏是难以在政治舞台上振臂一呼的。他的儿子高奣映虽然天资聪颖，但毕竟也只是个“未成年人”；按照有关史志记载，他父亲舍他而去将土府印信交给他的时候，他年方十二岁。十二岁的少年，虽然完成了同时代其他少年所难以完成的学业，但要他负起家族的重任，是万万不可能的。所以，高𦤎出家，只能是一种百般无奈的事情，是一种为了保全自己名声而顺理成章的选择；当然，也是一种策略，一种权宜之计，对于家人和家族的命运，他并没有放下。

承袭世职

清顺治十六年（1659）春，清军攻占了昆明，南明永历小朝廷宣告终结。高𦤎回首这些年以太仆寺正卿等若干有名无实之职官的身份，奔忙于昆明与姚安之间，为抗清复明而奔劳不已的情形，宛若是一场梦。他断然决定离家而去的时候，全家上下一时凄凄楚楚。一种末日的感受，笼罩在他们身上。茫茫的滇洱古道，一场生离死别的画面，在高奣映幼小的心灵里，似乎是一个永远不能抹去的永恒的瞬间。年仅十二岁的高奣映，面对着亲人的离别与生活的重负，虽然还体会不了内中的分量，但父亲临走时的谆谆告诫，使他多少意识到，他以读书为一大乐事的时光，已经不复存在了，而他柔嫩的肩膀，将要担负起维系香火、振兴家业的重担，这就是他所必须面对的事实。未必谙熟世事的高奣映，就在这一刻走向了社会，踏上了茫茫的人生之路。

清军攻占昆明的捷报传到北京，朝廷即传旨嘉奖，一时军心大振，士气旺盛。平西王吴三桂马不卸甲，于清顺治十六年、南明永历十三年（1659）农历一月八日，将大营移至昆明西北约三百多里的罗次。在此稍作休整后，于农历二月二日率师继续西进，追击永历帝残部。九日大军到达镇南关（今南华县），与分路进击的各路清军汇合；十日在普淜与南明军队接触，旋即展开了一场激烈的战斗，结果大获全胜，击杀南明总兵王国勋。而后清军继续西进，在磨盘山与李定国部接触，重创李军主力，迫使永历帝与李定国部仓皇逃到中缅边境。永历帝和沐天波、马吉翔等逃入缅甸阿瓦城，李定国和白文选分兵屯驻于滇缅边境的孟定、木邦一带。清顺治十八年、南明永历十五年（1661），缅甸发生政变，沐天波等四十余人被诱杀；次年二月，政变者将永历帝及其家属移交给清军带回昆明。后永历帝被吴三桂缢死于昆明金蝉寺，南明永历王朝从此告终。

在云南境内延绵多年的战乱终于宣告结束。当战争的硝烟慢慢逝去，和平的祥云开始出现在云南上空的时候，像高氏家族这样效忠于前朝并明显带有抗清倾向和行为的少数民族上层，仍然以一种对前途和命运的担忧在高氏府衙所在地光禄饱受煎熬。好在故里的各族人民，特别是多年来受惠于历代高氏土司的民众，他们仍然拥戴着自己的头人，仍然以各种方式为他们的头人分忧解愁。

从高定到大理国高氏家族的多数代表人物，他们都能征善战，历来都以卓著的战功名传青史，但他们骨子里并不都是热衷战争的，他们更多地想着和平，想着安定和发展。这种情怀，到了高奣映父子，就体现得愈加明显了。作为一方土司头人，一个显赫世族的继承者，他们秉持以忠孝节义为本、为根，以诗书传家为荣耀的理念。正因为如此，在清军平定了云南之后，从出家为僧的高𩐟到归回故里的木氏夫人及所有高氏族人，他们一方面担心新王朝的秋后算账，另一方面也为不会再受战争之累而庆幸。

后来的事实证明，他们是幸运的。清王朝统一全国之后，在西南边疆实施了安抚政策，特别是对少数民族的上层人物，对像高氏这样世族豪强之后，他们自然要笼络，要让他们再负起保一方安定的重任。

顺治十六年（1659）农历闰三月十一日，吴三桂回师昆明。在姚安驻兵期间，吴三桂任命王再极为金沧道守，任命倪巽生为姚安知府，随后又任命卢桂生为大理知府，米总为顺宁（今凤庆）知府。云南各地的建制，很快告成。新的统治局面开始了。

在此期间，吴三桂接触了一些当地名流士绅，同时也接见了高氏家族的一些人物，对高氏历代土司及高𩐟的情况有所了解。高家历史上豪雄辈出，这对从来都以豪雄自居的吴三桂来说，当然就很容易产生一种认同感，一种惺惺相惜的况味。吴三桂对高氏土司发生了极大的兴趣。

由于高氏历代土司功勋卓著，百姓爱戴，在云南影响很大，不但吴三桂看重，就是远在北方的朝廷，也据说曾有耳闻，曾有旨意。可惜所有这些史料，特别是从朝廷到吴三桂，怎样决定高氏命运的种种做法和言词，都付之阙如了。唯有后来在高奣映正式接任世职，并在云南政治舞台上一显身手和重遭挫折之时，才有一些朝廷上层的批件存世。

高家返回姚安，高奣映成人后承袭了世职，高䨺在鸡足山出家，朝廷对他也没有深究，无论他出家还是在家，无论他怎样鞍前马后地为永历帝效力，朝廷和云南统治者对他总是睁一只眼闭一只眼，否则的话，当了僧人也并不是逃脱厄难的绝对理由。不仅如此，由于稳定云南的需要，由于吴三桂政治上萌发了更大的野心，他需要高家这样的土司势力支持，这便有了其后让高奣映发挥更大作用的一些举措。

高奣映的人生经历，就是这样与当时重大的历史事件联系在一起的。

清军平定云南以后，除台湾以外全国出现大一统的局面。吴三桂功勋卓著，在统治集团中占有特殊地位，享有种种特权。他有自己的军队，而且扩充到十镇，每镇十营，每营一千两百名士兵，总数有十万人之多。这是一支什么样的队伍呢？名曰“清军”，实际上是吴三桂个人的武装，他对这支军队有绝对的指挥权，或者换而言之，这支军队只听他一个人的。

从前明降将到清军统帅，吴三桂打了几十年的仗，他的很多部属也是一样，几经生死，从死人堆里爬出来何止一次，所以，他们都是极端凶悍和嚣张的。据有关史料记载，每年中央财政拨给云南的军费，高达九百万两白银。这笔钱，绝大多数皆为吴三桂的军队所耗费。不但如此，吴三桂还获准了朝廷的特批，在自己藩王的领地内自行收税，这就给他百般聚敛财富提供了机会。一时，云南境内大大小小的官员苦不堪言，各族下层民众怨声载道，就连邻近的四川、贵州、广西的各级官府，也面临着应对的窘境。“平西王”的专横与暴虐，于此露出了狰狞的面目。

后来，李治亭写了本《消除三藩与康乾盛世》的书，书中写到吴三桂坐镇昆明，坐拥西南，威慑全国的种种暴迹。在云南，地方督抚大员唯他之命是从。一片富饶美丽的净土，成了吴三桂的家天下。“凡所请应行之事，内外衙门不得掣肘。”

那么，什么属“凡所请应行之事”呢？高氏土司承袭世职的事情，是否在内呢？按照惯例，高氏的土府同知一职，属四品职衔，那是要上报朝廷由皇帝御批的。可是，是否当作一件“凡所奏请之事”，是否准许高氏土司在新的王朝继续存在和承袭，甚至什么时候以什么方式上报朝廷，那都是吴三桂说了算的事。所以，高奣映正式承袭世职，当上土司，正式成为清王朝姚安高氏家族第一位正四品职衔的姚安土府同知，方方面面都与吴三桂有着密切的关系。

清王朝在云南地区少数民族上层所实施的安抚政策，吴三桂执行得相当坚决。不但如此，自进入云南的那一天起，他就注意到云南境内特别是滇中地区的各类地方势力代表人物。对于他们，吴三桂一方面用武力威慑，甚至在一些关键时刻不惜付诸武力，实施从整体上打垮的方针；另一方面，在军事行动的同时又有分寸、有余地，尽量不在地方势力中造成更大的怨恨。他要让地方势力臣服于他，并在彻底臣服以后为其所用。这样一来，他的确为云南的平定与安定立下了汗马功劳。自然，吴三桂执行朝廷政策，为朝廷效力，客观上更为培植自己的势力打下了基础。在那样的时候，他的一系列行为，表面上代表朝廷，而实际上，也就形成了他作为朝廷在一方的代表，因而也就是朝廷的化身这样一种格局。

正是在这样的政治形势下，高氏土司作为吴三桂首先看中的地方势力代表，不论高耀如何死心塌地地追随永历帝，追随沐天波，只要及时回头，他都要网开一面的。也正是因为如此，高耀即使不出家为僧，只要能够识得时务，也会被新朝所容和所用，事实上他只不过是以“义不仕清”而成就个人名节罢了。当清军攻入滇西，带来了吴三桂对高氏土司态度的时候，高耀这才如释重负，才决然把世职交给年仅十二岁的幼子高奣映。

这就有了关于高奣映十二岁当上土司的说法。这种说法的根据便是《清史稿》之“土司·云南”一目：

“姚安府土同知：顺治十六年（1659），土同知高奣映归附，仍授世职。”这一年，高奣映年仅十二岁。十二岁的少年，有可能被授予世职，但“归附”却无从说起。事实上，这一年，云南平定了，高氏土司归附了，高䶮把世职交给幼子了，而并没有任何文献表明，朝廷正式批准高奣映担任姚安土府同知。战事刚了，一切治理的事务和朝廷的批文，在交通闭塞的三百多年以前，不可能马上就能办理就绪。

历史上关于高奣映承袭世职的分歧与争论，大多皆因此而起。应该说，按照家族旧制，高奣映从父亲手里接受印信那一刻起，他就是家庭的继承人了。因此，对于高氏家族，对于高家的领地，对于世世代代生活于此的各族民众，这时高奣映已经是一位领主了。说高奣映此时“承袭世职”，也不是没有根据。然而，作为一名在册的地方土官，仅仅凭此是不足为据的。封建王朝的官制，不但名目繁多，而且十分严格，所以，关于高奣映究竟何时正式成为朝廷任命的“土府同知”，由于历史的复杂性，引起各种史书的不同认定，从而导致种种各执一端的说法，是不奇怪的。

高氏衙门所在地光禄古镇，倚山而起，占据了姚安坝子西北一角，拥有群山连绵的地势，更拥有肥沃的农田。高奣映降生的时刻，正是稻香藕肥的秋季。风光如画，岁月如歌，然而由于战火的燃烧，给高奣映的少年时光，添上了沉重的色彩。这种色彩又是那么神秘，就像高氏衙门西北部连绵的群山一样。一代历史名人所带来的神秘色彩，从某种意义上说，不也是一份深沉、一种魅力吗？

高奣映在母腹之中接受的“胎教”，是战乱年代的奔波折腾，而在他的幼年，在他那种天生聪颖的资质光彩照人之际，不但要奔波折腾，而且赏识并要求他常随左右的，是一个灭亡王朝的遗老遗少。当他从父亲手里接过土司印信文本的时候，十二岁的少年，又不知眼中闪烁出多少忧郁。

从家族规制上讲，高奣映在十二岁之时，就已经是位土司了，然而到他正式被清王朝批准成为一代土司，按照现有的史料，起码又过了十四年。据倪蜕《云南事略》载，清康熙十二年（1673），高奣映二十六岁时，“吴三桂题准袭职”。

那么，十分看重姚安高氏土司，并承诺过准予高奣映承袭世职的吴三桂，这些年来，到底在干些什么呢？是否他对这一特别感恩并忠于元明二朝的家族，还怀有种种顾虑而故意拖而不办呢？现在看来，这个问题确实很复杂；而至今对于这个问题的各种说法，都是可信的，都有一定的道理。

《清史稿》关于高奣映十二岁担任世袭土司的记载，所凭据的应该就是这一年，云南已告平定，而且顺治皇帝对云南地区的上层人物，采取了顺应民心的安抚政策，特别是在这一年，进入云南的平西王吴三桂，已经把笼络的目标，锁定了忠心和势力皆值得仰仗的高氏土司。吴三桂何时以何种方式联系到高氏族人，让他们急急跑到腾冲追上紧随永历帝的高糴，不得而知，但后来的事实证明，他的目的已经达到了，吴三桂在给高氏开出的一大堆条件中，最重要的一条便是承袭世职，想必高糴看准这一点，才放心遁入空门，做出了一种不问世事的姿态。但是，从高奣映十二岁到二十六岁，从顺治王朝到康熙王朝，其间又过了这么多年，吴三桂才上奏朝廷，朝廷才正式批准高奣映承袭姚安土府同知一职，这又是为什么呢？

高奣映十二岁承袭世职，高氏族人和父老乡亲是承认并且拥戴的，也许，他们也很在乎朝廷正式批准而张灯结彩庆祝的那一天，但是，他们心目中理所当然的土官是无论如何不会动摇的。战乱已经过去，高氏族人守候的一片土地、一片山林，经过长年战争的洗礼，似乎更值得珍惜，更需要加倍小心地守护了。

在这位少年土司支撑古老而又庄严的高氏府衙的日子里，族人和乡亲的拥戴自是不用多说的了。更可贵的是，他的母亲，既要维护家务，更要帮助甚至代替儿子维护族务，恪尽土司为领地的民众所应该尽到的职守。几百年来，高氏土司中的大多数传人受到拥戴，并不仅仅是权势二字所能说明的，更主要在于功德，在于为功德所付出的心血和劳苦。正是因为这种种情由，后来高奣映在一些诗文中，回忆儿时的艰辛，回忆在艰辛之时他的纳西族母亲的种种贤惠、辛劳和永远抹不去的慈容。

吴三桂这一拖，竟然把朝廷对高氏土司的封赠拖延了十多年。这期间，少年土司高奣映不但学业大进，而且也在社会中得到了历练。俗话说，十年磨一剑，通过这么长时间的历练，高奣映已由一名聪颖学子成长为一个有思想、有见识、有主意的能够一展身手的杰出人才了。

当然，也不全是吴三桂对高奣映承袭土司世职一事拖而不办，还有很多在程序上必须依制而行的地方。他可以力荐甚至决定性地保举高奣映承袭世职，但是，对土官特别是府一级土官的任命，必须经过朝廷，必须由朝廷颁发印信号纸，这些手续他不可以包办。遍查《清实录》等有关史料，在那段时间，在整个西南地区，起码在康熙以前，清廷没有正式批准任何一个世袭土官，更没有给任何一个土官颁发过印信号纸。可见，关于高奣映土司一职审批的问题很复杂，这其中虽有吴三桂的态度，更是因为朝廷的旨意。从对云南境内上层人物采取安抚政策，到正式批准各类土官的世袭，经历了从顺治到康熙朝代，这当然取决于朝廷对西南边疆的统治政策。从“土流并治”到“改土归流”，从康熙到乾隆，高氏土司不久以后也就完成了自己的使命。

明清交替，高耀意识到了作为一名“大明忠臣”，他的末日的到来，但他虽然为家族的命运和前途担忧，终究在清初朝廷的关于云南少数民族的大政方针中，看到了希望，所以他也就安心地出家了。这对于承其使命的高奣映来说，无疑是一个激动人心的喜讯。战火逐渐熄灭，母子相伴，满怀前途而去，这已不是当年追随沐天波和永历帝时的生离死别了。新的王朝，新的气象，这其中已经消弭了关于“忠臣”和“叛臣”的区分，而是一种更踏实的心境，一种以地方安定、民众安居乐业为旨归的价值取向。

以振兴一方为要务，以安定一方为旨归，这样一种价值取向，伴随了高奣映的一生。这也是高奣映身上最值得肯定的一种精神，一个亮点，也是解释他后来一系列行为举止的一把钥匙，一个突破口。

应该说，对于高奣映承袭世职一事，吴三桂是有私心的。随着权势的不断增大，这位坐镇昆明、雄霸西南的平西王，野心日愈膨胀，一代枭雄的本性渐渐地暴露在光天化日之下。当年，进攻云南的高级将领，并不止他一个，与他权位相当的，还有多尼、赵尔泰等人。他们都属于清军的骁将，他们的铁骑所到之处，无论是南明小朝廷

姚安路军民总管府戏台

的武装，还是孙可望、李定国的“大西军”残部，以及像高耀这样的地方势力，都土崩瓦解。很多地方势力代表，为了不使更多的生灵涂炭，纷纷缴械投诚。《清实录》记载了多尼、吴三桂、赵尔泰等人给朝廷的奏章：“臣等至云南省城，有土司王耀祖等二十余员，各率所属倮倮兵丁、人口，赍伪敕印、诰命、札符投诚。”这种情形，当然是朝廷最愿意看到的，而这“二十余员”当中，高氏土司当然也在其中。清军趁势张榜贴文，以示招抚之意，这就深深动摇了各种地方势力的抵抗情绪。大势所趋，不得不顺应。

这种局面，这种情势，吴三桂看得很清楚。云南境内民族聚居的情形，根深蒂固的各方土司势力，却如其复杂的地理环境一样，是吴三桂建立大本营的绝好基础。他要培植自己的势力，就必须利用这里的一切资源，包括地理环境和土司势力。怎么培植和利用呢？当然首先是施之以威，在性命攸关之际，又诱之以利，示恩于地方势力的各类人等。

这是一种多么复杂的政治形势啊！清王朝的大政方针，吴三桂的私心暗藏，土司势力的夹缝求生，构成了当时云南的一种大乱之后而又危机四伏的局面。这种局面正好被深藏心机的吴三桂所利用，所以在关于高奣映从父亲把土司印信交给他的那一天起，到正式袭世职，经历了那么长的时间，经受了那么多的波折，给后世留下了那么多观点各异的说法。

在中国历史上，史书是历来为人们所看重和关注的。只要是有心人，无论在朝还是在野，都会对历史发生极大的兴趣，都会提起笔来，为后代留下自己所经历所关心的东西。于是官修的正史和志乘，民间的野史，交相辉映，色彩纷呈，构成了中国历史的奇丽景观。这种景观的魅力，凡是对此有兴趣的人都能够体会得到。高氏土司特别是高奣映是明清之际云南地方的重点人物，所以，无论像《清史稿》《清实录》那样国家一级的正史，还是如《康熙姚安府志》和民国《姚安县志》那样的地方志，以及像倪蜕《云南事略》那样的专著，都有所记载。而当把所有这些史书对同一个人、同一件事的记载集中在一起时，就会发现一种有趣的现象，那就是见仁见智，众口不一。当然，这也许仅限于像在吴三桂时期对高奣映承袭世职的记载一类。

统观各种史料对高奣映承袭世职的记载，起码有三种说法值得关注。其一，便像前文所说关于《清史稿》之“云南·土司”中，高奣映于清顺治十六年（1659）“仍授世职”属于最权威的记载。这一年，高奣映十二岁，正是父亲出家的那年。其二，民国期间，由云龙先生所修《姚安县志》之“大事记”中，附“大事年表”一篇，其中有“清康熙二年（1663），高奣映袭土府同知职”的记载。这一年，高奣映十六岁。与这一记载相印证的，是著名的家谱《姚郡世守高氏源流》中所记：“康熙二年，吴三桂题准姚安府土官高奣映世袭土同知。”这里不但年代与民国《姚安县志》所记相符，而且特别强调“吴三桂题准”，这就意味深长了。其三，便是倪蜕在《云南事略》中所认为的康熙十二年（1673）了。

一代土司的承袭，一开始就得到吴三桂等人的应允，得到了朝廷的认可，但是熬到如《云南事略》所认定的康熙十二年才“题准”，而且并不是有司办事效率太低，而是内中的情况太复杂。在这其中，吴三桂个人的因素是造成这一后果的根本所在。吴三桂一方面颇施恩于高奣映，一方面又对其承袭世职的手续拖而不办，当然是心怀叵测，其目的便是高家这股势力他永远都要攥在手掌心，要为他所用。这样一种算计，可谓阴毒至极。后来在高奣映政治生活中所出现的昙花一现般的辉煌和悲惨的结局，可以说都是吴三桂一手造成的。

总而言之，高奣映无论少年、青年还是壮年，无论十二岁、十六岁还是二十六岁正式承袭姚安土府同知世职，内中的经历，是耸人听闻且值得回味的。土司从来都不是个人的行为，甚至也不仅仅是家族和地方的行为，而是一种政治，一种事关全局的政治。所以，对其具体时间的认定，各执一词固然各有其道理，但统而观之，不也可以从中看出比实际年代更重要的东西吗？

值得一提的是，康熙元年九月丙戌（1662年10月27日），在云南境内战争平息之后各族人民暂告安居乐业的形势下，手握西南权柄陶然怡然在春城昆明享受太平的吴三桂，给朝廷上了一道奏章：“云南土司倾心向化，大则抒忠献土，小则效职急公，勤劳既著，劝励宜先。查《滇志》可据，忠悃有凭者，文职五十六员，武职十六员，请敕部给予号纸。”所谓“号纸”，相当于现在的文件和任命书。这份文献为《清实录·圣祖康熙实录》所载。他所美言的云南土司“勤劳既著”，当然是实情。就高氏而言，多年受到境内各族民众的拥戴不是偶然的，而是真心为民所得到的回报。对七十二名地方势力的代表人物实行“劝励”，应该还有一点他内心的感动和感受。这一年，高奣映十五岁，不知在这七十二人当中，他是否是年龄最小的一位。

对于高奣映早年的一些记载，较为可靠的一部史料当属《姚郡世守高氏源流总派图》。这份珍贵的史料，后来被由云龙收进《滇系》，其中所载“五十二世公奣映，号雪君，袭父职候补，侍夫人（即其母木氏）左右。夫人金氏，生六子……”这里对高奣映的承袭世职，用了“候补”二字，真是太准确太精彩了。

在烟尘滚滚的滇缅古道上，在茫茫无际的蓝天白云之下，阳光洒满大地，而田野却是一派荒凉。苍山洱海之东，红崖陡坡之下，高耀与家人相别，折道往北而去。鸡足山的晨钟暮鼓，袅袅香烟，已经拴住了他的整个身心。此时此刻，从父亲手里接过土司印信号纸的高奣映，幼弱的身躯，幼小的心灵同浩浩蓝天和重重群山相比，又是多么渺小而无助啊！照道理说，这个时候，他已经是家族的传人了，而且也应该是一名四品职衔的土司了。可是，在新朝建立之初，他的土司职位，只不过是家族的一厢情愿，只不过是有待于“候补”的一个虚位。

从“候补”到“题准”，高奣映经历了太多太多的人和事。终于，家族的势力为新王朝所看重，高奣映的才干和人品也为有司所看重。倘若不是有了一个吴三桂的话，高氏家族也许有一个更加辉煌的前景，高奣映的个人命运和历史定位也许会是另一番景象。然而，人算不如天算，谁又曾想到，高奣映的命运，竟又会受到吴三桂的影响呢？

初建功勋

少年得志，生逢其时，这一段快意人生，与他后来的事不得人，该是一种什么样的讽刺呢？

金沙巨澜

俗话说，时势造英雄，但是，英雄和枭雄也许仅有一步之遥。在清军铁骑踏遍大半个中国，以锐不可当之势横扫千军万马，在云南红土高原的春天迎来了又一派百花齐放、万鸟争鸣的景象之时，吴三桂横刀跃马，一副旷世英雄的姿态引来了一片称誉的声音，可惜，“尔曹身与名俱灭，不废江河万古流”。历史证明，中华大地不论如何广袤无垠，任何动乱和分裂都会遭受群起而攻之，最后的结局只能是众叛亲离。对于清朝而言，吴三桂开国功臣的地位是不可动摇的，而当他终于露出了枭雄面目，以“反清”之名称王天下的时候，终于成了千古罪人，不但身败名裂，而且殃及一方。曾有人说高奣映的功名就断送在他手上，一点也不为过。

从大理国以来，高氏家族英雄辈出。高耀英雄末路，继承他事业的高奣映则在遭遇少年时节动荡不安的时局之后，开始遇上了一个“造英雄”的时势。这便是康乾盛世的开始，清王朝总结明朝灭亡的种种教训，从帝王到臣民，上下一心，励精图治，终于开始出现了国家统一、经济复苏、社会趋向安定的局面。

封建社会历来重视意识形态。为强化集千年之大成的封建意识的巨大威力，同时又适应时代潮流的发展，尊文重教的康熙皇帝采取了一系列重大的措施，以团结全国知识分子，凝聚人心，保障新的意识形态体系的建立。早在清顺治八年（1651），清世祖福临开始亲政之时，就确立了“教化为先”的国策。在朝廷上下不懈的努力下，“崇儒重教”作为一项最基本的文化政策被确立下来。中国传统文化由此而得到进一步的阐扬和光大，可谓士气大顺，人心大振。

顺治十三年（1656），清世祖晓谕天下，谓“帝王敷治，文教是先”。在这样的前提之下，确立了一个具有战略意义的治国和施政方针，那就是“兴文教，崇经术以开太平”。康熙六年（1667），在高奣映二十岁之时，圣祖康熙亲政。两年之后，雄姿勃发的康熙大帝，亲临太学祭奠孔子。此时此刻，那些偏见至深，视清朝为“异族”的知识分子，也深为感动，很多人一改陈见，写下了许多以国家大统和民族和睦为主题的诗文佳作。

康熙颁谕礼部，将父皇顺治皇帝制订的“崇儒重道”的国策进一步强化，提出了以“文教是先”为核心的十六条治国纲领，并要各部循此思路付诸实施。后来到了康熙十七年（1678）正月，高奣映三十一岁的时候，朝廷下令，要求各部院和地方各级官员，大举“奇才硕儒”，“亲试录用”。这便是历史上出名的旷世盛典——诏征博学鸿儒的宏伟举措。在这样的情势下，才气横溢又有家族背景的一代土司高奣映，有了大显身手的条件，不久，机会也随之而至。

在高奣映二十六岁那年，朝廷正式颁发诏书，任命他为正四品职衔的姚安土府同知。就在他刚“上任”后不久，川滇交界、金沙江流域的少数民族聚居区，发生了一起骚乱，特别需要他这样有威望和有家族背景的土司出面，才有可能最有效地制止。同时，这也是他一展才干的机会。

会川一碗水少数民族骚乱，年轻土司高奣映只身前往，最后为一方的安定，为巩固朝廷对西南边疆的统治立下了汗马功劳，这样的殊人殊勋，曾为很多地方长官和民族上层人士所拍手称好，赞赏有加。高氏家族在两姚地区的领地，包括了今永仁县全境，就属于金沙江南岸的广大地区。高奣映奉檄出境“巡视”自当胸有成竹。

会川在金沙江北岸，大体上属于今四川省凉山彝族自治州的会理、米易一带，隔江与当时的武定府和姚安府相望。与这一带民族地区交往最为频繁的，主要还是武定、元谋等县。查对《明史》，可以在其“土司传·四川土司”一目中看到这样的记载：现在的会川，是一个“卫”，是一个县一级的军政机构；而在汉代，则属于越嶲郡的会无县。到了唐朝上元中期，朝廷在会川镇设置了邛都县，因为川原并会，所以就有了“会川”之名。宋代，会川属大理国，为会川府，下治武定州，后来元朝时期属罗罗斯宣慰司。明洪武十七年（1384），会川世袭土司马诚上南京朝见，恢复了会川府，下属沿江两岸的武定、永昌、麻龙等州。不久，在洪武二十六年（1393），朝廷撤去会川府。又后来，改此地为会川卫军民指挥使司，下辖米易千户所。

《明史》关于会川的这一段记载十分重要。金沙江南北两岸，大理国时期姚安和会川府，后来大都成了高氏家族的领地。高氏土司的势力范围，曾一度延伸到了金沙江北岸，故而，当一碗水叛乱之时，川滇两省的督抚等军政首脑，自然就想到了高奣映。此时此刻，高奣映深知：他的家族大旗并没有倒，他一展身手的机会来了。

然而，高奣映也深知，民族地区不但情况复杂，而且封闭落后，在那一带，有很多世袭的土司，他们主要是彝族各部落的首领。他们沿袭了很多奴隶制社会的家族势力和社会制度，其势力是很强大的。这些土司世家，包括下层民众与金沙江南岸武定、元谋的彝族土司交往密切，甚至互通婚姻。会理县境的彝族土司，很多史籍又称他们为“土目”，数量很多，大小不等。根据有关史料，在高奣映时代，仍有红卜苴土司、普隆州土司、黎溪长官司、披沙土千户、会理村土千户、者保土百户、通安土百户、苦竹坝土百户等，可谓无地不有，无处不在。这些地方豪强，个个据地称雄。清朝建立，他们仍然桀骜不驯，除者保土百户于康熙四年（1665）归附以外，其余都保持观望，直至康熙三十七年至四十九年（1698—1710）才相继归附。普隆土司姓沙，属于操彝语东部方言的首领，其土司衙门在今会理县通安乡的者隆村，所辖地区隔江与武定万德那氏土司领地相望，和环洲李氏土司的姜驿相接。

史书上所说的“沙逆”，就是这位普隆土司。当时，他与金沙江南岸的很多民族头人都有矛盾，武定环洲李氏土司四世祖李小黑、五世祖李学堂，曾因姜驿的归属问题，多次与普隆沙氏土司发生争执，刀兵相向，战火延烧了十数载。这一次的争端，也属于争地而引起的。争斗的结果，以环洲土司李学堂保有姜驿“飞地”而告终。

所谓“飞地”，其实便是在人家的地盘上插有一块土地。元谋的姜驿，便是如此，孤零零地坐落在金沙江北岸，坐落在会川的地盘之上。这种历史形成的奇怪现象，是否就与当时高奣映去调解纠纷有关呢？回答自然是肯定的。决断的结果，是否属于高奣映断事不公，偏袒云南一边呢？这个问题很复杂。应该说，偏袒的因素是有的，但那绝对不是高奣映的本意。

会川一带，特别是会川与金沙江南岸地区的民族械斗，是沿袭了多少年的纠葛所至，而到了这一次一碗水“沙逆叛乱”，从被牵扯的地区，到伤亡的人数，都是规模空前的。更何况，这是清王朝在西南地区刚刚站稳脚跟之后所发生的骚乱，自然要引起朝廷的高度重视。这样一种形势，川滇两省的有关军政头目，当时都慌了手脚。文劝固然不成，派兵镇压，那更是火上浇油，无论胜负，其结局都是统治者和被统治者不愿看到的。

新朝刚定，战火又起，其所波及的，虽然不像当年吾必奎、沙定洲那样的通都大邑，但是，影响所及，已不光是民族地区一块块待收获的土地和一条条鲜活的生命，而是清王朝的统治局面，是川滇两省大小官员的政治前程。这样的关键时刻，吴三桂想到了高氏土司，想到了他所赏识却又迟迟未曾委以重任的高奣映。

据有关史料记载，举荐高奣映前往平定一碗水叛乱的并不是吴三桂本人，而是当时的滇省督抚。在这之前，有司多次派人会同四川方面，就一碗水叛乱多次交涉，多次调解，但都没有结果。因此，另举能人当是情理之中的事情。看起来，无论吴三桂还是云南省的各级官员，对高氏土司的情况还是了解的。他们深知作为大理国时期，高奣映的先祖们，就已经在金沙江流域一带树立了威信，在一定程度上成了这一带各民族人民的精神领袖了。各级官员知晓，吴三桂更为知晓。试想，如果没有他的暗示，那些不断上任和离任的官员如何能够格外地留意高氏土司；如果没有他的准允，无论督抚还是其他官员，如何能够上报朝廷，让年轻的高奣映独担其事？

高氏在姚安的最早一位祖先高明清，已属于大理国后期的人物了。作为权相高泰明的儿子，属于现《姚安高氏族谱》所列第二十二世祖，时任姚安府演习，而他的后代，便不断地把势力扩张到会川地区。大理国最后时期的高氏代表人物高禾和高泰祥父子，他们的职位便是姚府、越嶲、会川三府演习，是一个更大区域的诸侯，是整个金沙江自大姚至武定、禄劝一带流域的最高军政长官。这是何等的荣耀和辉煌啊！这样一支领袖群伦的豪门世族，众多杰出人物武功与德政并举，恩德与仁义同施，故而数百年以后，仍然对这一广泛区域产生影响。这一点，川滇两省的军政长官和坐镇西南的平西王吴三桂深信不疑；而谙熟家族历史，并且少年气盛、跃跃欲试的高奣映也深信不疑。

明王朝对西南地区的统治是强大的，在云南省，通过军屯和民屯，加强了文化交流和民族融合，也加强了中央对地方的控制。此时的高氏土司，世袭姚安军民总管府土府同知。这样的官衔，相比较大理国时期的一方诸侯，是不足道的，甚至在元朝时期，高氏还曾担任过实权实职的姚安路总管一职。明王朝逐渐“改土归流”，在金沙江南北两岸，在方圆数百里的彝族聚居区，似乎府一级的土官就只有高氏等一两家了。这种职衔，这种地位，这种在两姚至元谋武定和会川一带的区域更具有威慑力和亲和力。当然，高奣映深知，所有祖先为他积累下来这一切，都只是一种基础，一个前提。事情成败的关键，还得靠自己。所以，他首次渡过金沙江进入四川境地，虽然信心百倍，但还是谨言慎行，准备充分的。

一位年轻的土司，一位大理国权相之后的高氏传人，就这样带领几个随从，踏上了北征的路途。他是由元谋龙街古渡进入会川的。在一个相对封闭落后的彝族聚居区中，他身上的“书生”气息已经一挥而散了，剩下的是一种“意气”，一腔能够与当地头人推心置腹的热肠。后来的事实证明，高奣映满腹经纶，却又显得那么超脱和潇洒，并不是硬装出来的，而是发自他的内心深处。酸腐之气，只有在知识没达到一定境界的浅薄之人身上才会有。一身学问和才气的高奣映，此时此刻，不停地在与那些豪爽的民族头人们推杯换盏，一切地位的悬殊、文化的差异都消弭殆尽，剩下的，唯有心灵的碰撞和感情的沟通。

高奣映返璞归真，大巧若拙，省却了更多的心机和谋划，真正把“民族工作”做到了最根本的层面上。沟通以后的协商，事情好办得多了。这一场旷日持久的纠纷，这一场波及了多少无辜者的战争，很快就平息了。

环洲李氏土司在战争之前似乎更多属于主动进攻者，因为，关于地盘的争斗，关于利益的冲突是这次动乱的直接原因，而李氏土司自己认为是为谋取自己分内的地盘和利益而战斗。也正因为如此，直到动乱以后，云南省方面所负的责任实际上更多一些。高奣映的调解结果，基本上满足了李氏土司的要求，使他们达到了保有姜驿飞地的目的。在云南境内，很多史料称这次骚乱为“沙逆叛乱”，那么，与“逆”相对的，便是正了。普隆土司是“逆”，环洲土司是“正”，这是从战争的开始到战火的平息，各种官修史书使用的词语。然而，事实的真相果真如此吗？倘若如此，普隆土司凭什么要听高奣映的？起码他们会认为，他们所信赖的高氏土司首领处事不公。这其中，肯定有很多更为复杂的原因，但这也许是另外一个话题了。

高奣映初战告捷，由此而赢得了当地各族人民的信赖和敬仰，也赢得了官府上下一致的赞赏。当然，此刻从内心更为高兴的，还是吴三桂。这位权雄，眼光果然不同凡响，他所看好的人，果然没有让他失望。

实际上，这次因土司械斗而引起的骚乱，吴三桂不动声色，冷眼旁观，因为，为了他一己的利益，他求才若渴，一直苦苦地在地方势力中选择干才。高奣映是他最看好的一个，这是不用说的，而环洲李氏土司的骁勇、执着和死心塌地，更让他如获至宝。

因为吴三桂的倾向，更因为高奣映的家族威望和办事能力，李氏土司的目的达到了，他们把感恩的目标投向了吴三桂。后来吴三桂起兵反清，李小黑之后李学堂为了报知遇之恩，倾尽所有，甘愿为其驱使，并因作战有功，被授予“云南土官总兵”之职。当然，他没有高奣映那样的审时度势，更没有高奣映所具备的历史责任感，所以吴三桂成了千古罪人之后，以逞匹夫之勇为能事的这位“土官总兵”也毁掉了自己，并带累了整个家族。

高奣映奉调完成了平定“沙逆之乱”后，回到了光禄高氏府衙，他并没有居功自傲，忘乎所以，而是偕母亲一起，继续支撑起兴家旺族的重任。

家学门风出贤才

古人所谓严父慈母，这对高奣映来说，是名副其实的。高奣映承袭世职，并比起父亲来以毫不逊色的本领再度把家族带向一个光明的前程，厥功至伟之处，他母亲的光彩是不能抹去的。木氏夫人，这位贤淑聪慧的纳西族女性，在长期的战乱之中，忍辱负重，把高奣映培养成人，把偌大一个土司衙门打理得井井有条。关于她的故事，其可歌可泣之处，今天看来，何尝不是一曲民族团结的颂歌呢！

丽江木氏土司与姚安高氏的联姻，由来已久。高奣映母亲木氏，系木氏传人、明末云南著名诗人木增之女。在此以前，高、木两大土司间联姻的情形，据民国《姚安县志》载：四十五世祖高凤，夫人木氏；四十八世祖高金宸，夫人木氏；四十九世祖高光裕，夫人木氏；五十世祖高守藩，夫人木氏。如此算来，高奣映的母亲、祖母、曾祖母、高祖母皆是丽江木氏，皆是纳西族人。当然，既为联姻，高氏也有女儿嫁往木氏家族，有证可稽的就有五人。

据有关史料记载，丽江木氏，其始祖禄麦，原是我国西北地区的少数民族，在长期的迁徙过程中，历经了万

丽江木氏土司府

水千山，最后在丽江落脚。其子阿琮，阿琮传子阿良。宋元交替之际，兀合台率元军进攻大理国，阿良迎降，得授茶罕章宣慰司总管。尔后，阿良率部紧随忽必烈，因灭大理国、擒国主段智兴有功，升副元帅。阿良传阿胡，再传阿烈；至阿甲，改任宣慰司副使。有元一代，丽江木氏祖先可谓荣耀风光至极。元亡明兴，宣慰司世职传至阿得，仍然得到了新王朝的承认和重用。这种情形，同姚安高氏一样，所不同的是，高木二氏，一是大理国的忠臣，一是元王朝的功臣。

明朝设丽江府，阿得受封为土知府。洪武十六年（1383），阿得入京述职，贡良马，朱元璋赐其木姓。这就是丽江木氏土司的来历。木氏女子嫁到姚安高家，从来都以贤惠勤劳著称，堪为古代云南境内优秀女性的代表。据民国《姚安县志》记载，高奣映的祖父高守藩幼年丧父，遵嘱承袭世职，“三岁孤，母代理府事”。叔父高光谦欺其年幼，争夺世职，引起家变。母亲带着守藩，出走丽江木氏娘家。后经多番努力，天启二年（1622）终归世职。由此可见，木氏夫人对高家的忠诚和贡献，也可见两大土司之间的交往和情谊。同高氏一样，木氏也世代崇信佛教，他们曾共同为佛教圣地鸡足山做了很多功德之事。鸡足山实际上已成了他们两家的精神向往之所，故而有高鹤“义不仕清”，上鸡足山修行之事。后来，在高奣映的文学作品中，多次提到“芝山”，这便是他外祖父——著名纳西族诗人木增退隐之地。

阿得开创了丽江府土官的历史，并且从他开始，广泛接纳内地文人名士，接受中原文化，并教育子女读书识字，在所辖区域兴起了学文重教的风气。这一点，与高氏家族有异曲同工之妙。传至木泰，其文化造诣和诗文创作一时享誉滇云，为迤西之冠。作为历史上纳西族著名诗人的木泰，潜心钻研中国传统文化典籍，倾心于文学创作，为后来木氏家族的文化传承奠定了良好的基础。高奣映的外祖父木增，外曾祖父木公，是这一文化渊薮的集大成者。

后来高奣映在《鸡足山志》中设木公、木青、木增条，云："木公，字叔卿，壮年让位隐于雪山，因取以号。雪山天骨疏朗，神宇高峙，读书千百言，过目成诵，不假师资，玄言奥义，罔弗洞悟。好为诗……所得佳句，录之在册，命曰：'天壤间有乐于此者耶？'"木公还与永昌、大理等地文人交往唱和，并与贬谪来滇的杨升庵"诗简往来尤数，尝称其缘情绮靡，怡怅切情，浸浸垂拱之杰，开元之英……"在写"木青条"时，高奣映云："木青，号松鹤，又号长春，豪迈道上，凤观虎视，议论飚飞，若天下事不足辨者。居常以忠君报国为念，暇则游意述作，怡情声律。其所著撰，如飞仙跨鹤，渺不可即；又如阵马嘶群，悲振万里。其书法秀骨森然天授，甘缥瓷酌，酿仙仙乎乐也。"

木公、木青、木增曾被誉为明清之际云南诗坛三杰。高奣映《鸡足山志》中对于木增多述其关于佛事和相关的宗教活动，而二十世纪末出版的《纳西族文学史》，似乎更看重他的文学成就：

木增（1587—1646），号华岳，又号生白，于万历二十六年（1598）袭职。天启十三年（1633）授为四川布政司左布政（1637），天启十七年，加太仆寺卿。木增从小好学，博览群书，少年时能吟诗作赋，他力倡学习汉文化，特盖万卷楼，广集百家之书，还在艺山上的解脱林创设印书所，……刻印木氏历代诗文。天启四年（1624），三十六岁的木增归隐，让位给儿子木懿，自己在玉龙山西侧的芝山另建别墅园林，静居著述，与本省中原著名文人交往甚勤。……木增的作品，流传后世的有一千多篇诗文，分别收在《云淡墨》《啸月堂诗函》《山中逸趣》《芝山云集》《空翠居集》《光碧楼诗抄》等六部集子中。

关于木氏与高氏文章盛事，后来师范先生在《滇系》之“典故”中，作了这样的评价（译文）：

高斎映的母亲，作为一名书香门第之后，作为一名纳西族的优秀女子，在高繧最艰难的动乱年代，紧随其夫左右，为他打理一切内务，可以说，后来高耀“义不仕清”，上了鸡足山，将家族传承的重任交付给幼子奣映，走的是一步险棋，甚至是一步死棋。正是由于夫人的苦苦支撑，才能够挽狂澜于既倒，将幼子抚养成才，将家族事业延续下去。高奣映在少年时，便是在母亲的扶持下度过劫难并成长起来的。

一片群山，一方沃土，一代世袭土司，倘若没有硝烟，没有战火，没有权力之争，没有尔虞我诈的利益角逐，那该是一幅多么好的田园美图啊！田园风光、耕读生活是高奣映一生所向往的，这是他的一个情结。正因为有了这样的恋土思乡的情结，在后来他的政治生涯中，无论得志还是失意，他有一个归宿，有一个属于他自己的精神家园。更重要的，他的这种精神追求和价值导向，并不是为自己，而是为了足下了这片土地，为了在这片土地上生活的各族人民。

在调解民族纠纷，平定“沙逆叛乱”之后，他以一种胜利者的姿态，路路逢源，村村醉酒，风风光光地回到了家乡。在这期间，官府如何奖掖，乡里如何举杯相庆，自不必说，他最关心的，是在他的土司领地内，乃至在当时整个姚安府的辖区内，乡民们的处境如何，他们的生产状况，他们接受教育的状况，甚至包括他们的生老病死，时时刻刻都装在这位“父母官”的心中。

高奣映承袭了土司世职，并且以土府同知与朝廷所任姚安知府共同“土流并治”，于是，一方的安定，一方的发展，就成了他所要面对与思考的。在历代开明土司的心目中，“领主”与“子民”的关系，恰如鱼和水的关系，恰如土地与庄稼的关系，可谓一损俱损，一荣俱荣。这一点，当年的高耀是懂得的，所以，就有了府丁村民的紧紧相随，忠心护主的那一幕；而这也是后来高奣映做得最好的地方。与更多的开明土司稍有不同之处，那就是高奣映护民爱民，并非是权宜之计，更非为了笼络人心，而是发自内心的一种初衷，一种“诸佛菩萨”注入他灵魂深处的“本真”。

关于这方面，在介绍他的学业之时，自然还有更多的说明。民本思想乃至对人性的阐扬，是高奣映区别于历代腐儒的最大特点，也是他学业文章的精华所在。

坐落在光禄古镇的高氏土司衙门，虽然不像当时内地宫宇般金碧辉煌，甚至连墙壁都是用红土垒起来的，但是，它却永远是方圆百里各族民众心目中一道威严而神圣的风景线，一座美轮美奂而又至亲至爱的靠山。就在他初战告捷而荣归故里的那几年，他对政治和地方治理投入了更多的热情。

可以想象，无论是在土司府里坐衙，还是走出去，在山里、在田间，与民众交友，为他们排忧解难，这是一种多么惬意的土司生活啊！为乡亲、为族人、为足下的一方土地，高奣映乐此不疲。在这段时间，他竭尽全力，为安定地方、发展经济、兴办教育、弘扬文化，做了很多顺应民心之事。从此，他的威望更高了。他的承袭世职，他的崭露头角，让领地里的各族民众看到了希望。从鸡足山来到昙华寺修行的高耀，积功德日久，佛缘也就日深，当他看到高奣映的成就，看到高奣映的一切皆沿着他理想中的道路向前走去时，不由一阵阵暖意涌上心头。

高奣映协同作为“流官”的姚安知府，在他的职责和职权范围内，不断地出主意，想办法，为发展地方经济和文化，为社会稳定和民族团结出谋献策。从古到今，姚安由于地利之便，属于云南甚至东南亚通往四川，沟通与内地联系的一方重镇，因为战争频仍，人民苦不堪言。明清交替之际，长期的战乱之后，再一次导致土地荒芜，人口锐减，经济萧条，城市破残。面对这样一种百废待兴的局面，他以一代土司之尊，兼之一位书生之躯，深入实地，深入民间，访之问之，安之慰之，掌握了大量的一手资料。心中有底，自非言之泛泛，他所提出的各种建议和措施，条条实在，句句真诚，深深地打动了府、州上下，也切切实实地对当地的治理、稳定和发展发挥了作用。

从一介书生到一代名儒，高奣映是一位学问大家，但是，在贴近生产和生活方面，他所想的和所做的，却是那么具体和实在。有时，他俨然一个精明的耕种者。

比如，他曾经写了一篇《教民植树议》。在这样一篇经验性和实用性的文章中，他说（译文）：

我们姚安这个地方，现在有太多的荒田无人垦殖。究其原因，一是人少；二是水源不足。

怎么办呢？我看有很多流浪之民，大量地向这里涌来。他们的人数几乎超过了土著居民。这些流民很多为了躲避徭役，这是情理之中的事情，但我们为何不利用这样的人力资源呢？首先，清点人数，进行编排，然后划田地给他们，让他们耕种。分田地的时候，统一规划。对于靠近平地而无水的地方，安排种桑树养蚕；如果靠近山箐林荫深处，可以种植花椒；在山箐向阳又有水源的地方，可以大量种植水果，如桃、梨、枣、海松、桔、核桃、柑等。这些果树栽植以后，一般五年，就可以收获，就可以当时获利而造福子孙了。人们首先要穿衣、吃饭、住房，这些耕耘的事情没有做好，哪来的收获呢？这才是我们官员和读书人所首先应当考虑的事。

这样一种几近于质朴无华的文章，出现在一代名儒高奣映的笔下，岂是那些腐儒书痴所能理解的。而高奣映，他首先是一位贴近民生的土司，是一位身体力行为地方谋利益的官员。这样的操行，何尝不为他后来的学问注入了灵气，奠定了根基呢?

关注民生的同时，高奣映在开启民智方面注入了更多的心血。他深知，一个地方的发展与兴旺，最根本的还在于开启民智，提高整体素质。为此，他像很多开明的先祖一样，崇文重教，读书尊礼。后来的历史学家，皆认为姚安一带的文化与文明走在了全省的前列。千百年的教化，孕育了人文荟萃、名人辈出的盛况，这其中，高奣映所做的努力，任何时候都值得我们大书一笔。

长期以来，姚安民间迷信盛行。特别是山区，在民族聚居、落后闭塞的环境里，人们崇信原始的万物有灵论，相信鬼神，崇尚巫术，不管办什么事，哪怕是请一次客，吃一顿饭，都要用最原始的方法占卜，听信鬼神摆布。在这些村寨中，只要听到有什么大唱大跳、大叫大嚷，那么，多半是村民们在巫师的操持下，祭神祭鬼。现在看来，这些以原始宗教为核心，伴之以民族的或传统的音乐舞蹈的民间祭祀活动，有一定的观赏价值，也有相应的文化内涵，可以从民族学、文化人类学、文学艺术的视野和角度进行观赏，进行研究发掘。可在高奣映那个时候，村民们整天几乎倾其所有地沉浸在这些愚昧落后的行为里，那是多么的可悲复可叹啊！

因为极端迷信，极端相信神鬼在操作着人们的一切，所以，凡遇重大的变故，比如生老病死，比如意外伤害，甚至丢失物件，都要抖出全部家底，请来巫师，烧一通，嚷一阵，所求到的只是一时心理的平衡。任何一个有良心的人，当看到巫师们在事后清理所得时那双肮脏的手，那副得意的样子，谁会不义愤填膺呢？

诸如这样的陈规陋习，沿袭了千百年，禁之不止，对贫困的乡民造成了多少危害啊！更主要的，这些愚昧落后的习俗还是高奣映所倡导的开启民智的重大障碍，一日不禁止，乡民们则永远难以“茅塞顿开”，接受先进的思想观念和生产技术。

为此，高奣映感慨万分，一挥而就，写下了著名的《禁邪巫惑众议》。他说（译文）：

人间有很多害，必须除之绝之，而其中的巫术之害，比起那些盗贼，甚至比起能致人死命的鸩毒来说，不知又厉害多少。为什么呢？要教化百姓做什么事情，是否能够成功，取决于他们的心。民心可畏，而一旦其心受邪教蛊惑，那么，忠义正道也就泯灭了。这是绝对不能容忍的。山里一个贫苦的人家，穷得只有几只鸡崽，而巫师还忍心地说：给你做一次祭祀就用这几只鸡吧。事过之后，鸡没有了。对有猪的人家说，可以用猪嘛。事过之后，猪没有了。对有羊的人家说：可以用羊。事过之后，羊没有了。即使勤苦操劳，养得一两头牛，但只要巫师一鼓捣，牛也就没有了。做这种事情，对于生病的人来说，病还未好，家里仅有的鸡、猪、羊、牛都没有了。这不是谋财又是什么？且不论这种巫术妖异至极，如果他的法术果然有效，那么请出鬼来，真要活人与鬼一起相处么？这种法术，太邪乎了；相信的人穷家破财，相信的人失去了正常的心理，而走火入魔，至死也难以教育过来。古代圣贤教育我们要居于仁，由乎义，行忠孝仁义；但这种状况，忠孝仁义能行得通吗？所以，崇信异端邪说，害人害己。

这是一篇阐扬理性的文字，更是一篇向愚昧落后的异端邪术发难的战斗檄文。三百多年以前的一位土司，在他生活的地区，并不是不识庐山真面目，而是清醒地看到一个落后的地方之所以落后的根本原因。儒家的理性主义，并不是说说就可以的，而更是一种实践哲学，一种与时俱进的活跃因素。愚昧落后永远是一个地区谋求发展和幸福的最大障碍。高奣映在崭露头角之时，以年轻有为的英姿，真正亮出了他为官、做人和求学的理念。

分巡川东

锦袍加身，却原来噩梦一场；之后的人生道路，就这么荆棘横生。好在，民族大义，国家大局，都在他心中揣着。

噩梦醒来

高氏土司一贯崇儒重道，讲求忠孝仁义，讲求诗书传家，很多传人甚至为了努力实践儒家的理想而付出一生精力。高奣映从十二岁接过沿袭了多少代人的土司印信，到壮年之时正式接受清王朝的任命，所表现出来的儒家理念和杰出才华，不但与康熙盛世之初封建意识形态相吻合，而且从他家族的势力和影响，从他渊博的学识到干练的才能，都引起了云南督抚和吴三桂，甚至于远在北京的康熙帝的关注。朝廷终于下了一道旨意，要重用于他，任他以“按察使”一职，分巡川东，着四品衔。

当年，他还不到三十岁，正临“而立”之年，正当才华横溢建功立业心切的英年。在这样的时刻，他可以说是百感交集。古人所谓的立德、立功、立言，这是历代高氏传人所致力于追求的目标。在他的一些曾经名震天下的祖先那里，在一个地方，政绩和军功是不用说的。例如，他的第三十七世祖高禾（隆政），第三十八世祖政均（泰祥），父子俩倾其大理国之兵，以及封地内各族人民的优秀子弟，抗击蒙元大军，成了后来为元世祖忽必烈所钦佩的英雄。一代英雄，一方功名，还有比这更激动人心的吗？至于立德，那更是历代高氏传人所追求的人生境界，尽管未必都做得很好，但他们之中的很多人，都被官修的方志，以及各种文章和民间口碑视为“乡贤”。高奣映后来也是一位乡贤，而树他享此殊荣的，更多的则是下层百姓，是高氏领地内的父老乡亲。受到这一阶层的赞誉，是一件没有半点粉饰的雅事；对于受主来说，可谓当之无愧。这次受到朝廷的封官委托，证明了他确堪大用。功名所在，光宗耀祖的道路似乎一片光明。

作为世袭土司，高奣映和父亲一样，最感恩戴德的还是明朝。明朝对高氏土司的尊重和知遇，有很多佳话。但是，通观明朝统治的两百多年时间，他们的定位，高氏始终是一方土官，只是高𬙊曾受封“太仆寺正卿”一职，似乎作为朝廷的内官亲信而得到了重用，为此高𬙊还曾经感激万分。但是，当时和后来的人们都知道，那只是一个朝代灭亡之后的一个小小插曲。真正担任过朝廷委任的在册官员，还是元朝。元朝期间，高氏土司曾一度担任过姚安府的最高军政长官，甚至曾升任省一级的大员。例如，第四十世祖高明寿，曾受任元朝资善大夫、治国上卿、云南行省左丞之职。此后近三百年时间，高氏传人除了世袭土司之外，再也没有担任过朝廷要职。而在清王朝开国之初，高奣映就得以受职外任。这份殊荣，似乎预示了在高奣映一代，高氏土司的前景必将会大放光明。

在接到任命之后，所有高氏族人都是这么认为的。此时此刻，姚安府州两级，从知府、知州到长史、通判、教谕及各类吏员，从耆耆硕老到名士缙绅，来高府祝贺的人络绎不绝。一时高府上下喜庆的气氛弥漫了整个光禄古镇，这可是自高𬙊两次仓皇奔走以后高府最大的喜庆。高奣映少年得志，高氏家族的兴旺发达，由此有了一个好的开篇。

几次庆贺的宴会之后，客人散去，夜晚的凉风习习吹来，吹动了高奣映身上的酒劲，他呼呼睡去。那情境，那姿态，那轻微的甜酣，使得前来探视的木氏夫人满意地笑了。而就在这天夜里，就在高府上下沉浸在一片喜庆气氛中的得意时刻，高奣映做了一个噩梦。他梦见一群看不清面容、看不清表情的大汉，突然来到他的家里，气急败坏地把他按在一辆急跑的车上。月黑风高，车轮滚滚，突然之间，前面传来了一阵阵喊杀之声。高奣映被几个大汉紧紧按在车上，动弹不得；倏地，喊杀之声顿停，出现在面前的是一个凶猛武将的面庞。这不是平西王吴三桂吗？高奣映惊恐万分，欲慌忙起来行礼，却没来由横过一把钢刀，架在了他的脖子上。他一身冷汗，呼地弹起，却原来是一场噩梦。

身旁坐着夫人金氏，在给他擦拭汗水，一脸的关切和柔情。

这一场噩梦，使高奣映警醒地想到了什么。特别是吴三桂那张凶悍而近乎狰狞的脸，使他顿然生惧。这对于他的这次荣升外任来说，到底意味着什么呢？

建功立业，光宗耀祖，不仅是他，对于历代高氏土司传人来说，都是梦寐以求的理想，可是，真正实现这一目标，又岂是一件容易的事？立功心切，才沾上那么一点点荣光，就这么得意忘形，合适吗？《易》云：泰极否来。作为《周易》大家的高奣映，深知这一道理。一位大明忠臣的传人，一位边疆民族地区的土司，一位才华横溢的青年，得以荣升重用，本当是情理之中的事情，可是，朝廷离他太远，在他与朝廷之间，还隔着一个平西王吴三桂。从一开始，高奣映就觉得，吴三桂像一座大山一样横在他的面前，他不能越过，而种种关于朝廷施之于土司的恩惠，以及对他本人的看重，似乎都出自吴三桂之手。吴三桂真的就是朝廷吗？或者说，他所要面对的励精图治的清王朝，和所真正面对的平西王吴三桂，真的就是一回事吗？

云南四季如春，可真正到了深夜，还有那么一丝丝凉意。高奣映的酒醒了，睡意也消失了。他披衣出庭，在院子里静静地站着，仰望寂寥的星空，不觉一阵凉意沁入心头。直到噩梦初醒，他才觉得关于他的封官领命，似乎有那么一点点不妥，似乎这是平西王吴三桂的刻意安排。此时在整个朝野，吴三桂的位置已经尊贵至极，任用一个他所治下的四品官员，并不是什么难事，从吏部到皇帝，都会认可。倘若如此的话，吴三桂意思是再明显不过了。他要使用高奣映这样的大才，至于为他所用还是为朝廷所用，那就只有他心里明白了。这笔账，高奣映却不能不计算清楚。因为，关于吴三桂这几年的所作所为，他作为一个旁观者和某种程序上的当事人，是有所触动和觉察的。

无论怎么说，吴三桂作为一代枭雄，权势已经到了无以复加的地步，而又不加以约束和收敛。历史上任何一个朝代，都不可能容忍坐镇边疆地区的王侯不安本分，何况是江山初定强大无比的大清帝国。高奣映作为世袭土司，不论是有些史料记载的“投诚”“归顺”，还是事实上的受抚，他都能从祖国统一和地方安定的大局出发，都是拥护和认同的，但是，吴三桂坐地称王，超出了本分，必然导致与朝廷对抗的严重后果。这种后果出现之时，必然会使深受吴三桂倚重的高奣映蒙受灭顶之灾。

高奣映经过一番深思熟虑之后，心里有了主见。以“按察使”一职“分巡川东”，从形式上看是朝廷的委派，他不能抗命不遵；而反骨已露端倪的吴三桂是他接受此职的关键人物，固然居心叵测，他不能不多留一个心眼。所以，当康熙十二年（1673），岁在癸丑，高氏衙门接到诏书之后，紧锣密鼓的一番庆祝，全府上下一片欢天喜地，不几天就没有下文了。高奣映胸有成竹，按兵不动，迟迟没有起身。他似乎在观望，但是，他又能观望到什么呢？

高奣映心里十分清楚，对于云南，乃至于对于整个西南地区而说，川东具有重要的战略位置。这里不但地势险要，守住这里，就可以稳定整个西南地区，而一旦以西南为大后方，由此而向长江中游地区，进而向整个中国发难，都能够势如破竹，横扫千百里。不但如此，川东还是联系滇、川、黔、鄂、湘、陕数省的咽喉区域，具有十分重要的战略地位。

接下来的事情，似乎都顺理成章了。川东一带山高水险，土司政权林立，如果派其他的命官前往，这些地方势力的抵抗情绪从来都是不容置疑的。一种剑拔弩张的局面，吴三桂自然不愿意看到。派一名具备了实力、名望和才干的土司前去，更具有亲和力，更容易与他们沟通。后来的事实证明，无论朝廷还是吴三桂，都选对了人。只不过高奣映不愿意充当吴三桂的马前卒，他在为民族、为国家效力，并不属于任何个人谋求一己之利的工具，甚至牺牲品。

春去秋又来，从接受任职到踽踽而行，经历了从康熙十二年（1673）春天到秋天的数月光景。这期间，吴三桂打着“复明”的旗号，终于露出了狰狞的面目。反意已明，接下来是一系列的行动。整个云南又陷入了一种动荡不安的局面。总之，吴三桂在坐镇昆明的这十几年时间，大量培植个人势力，顺之者昌，逆之者亡。完全是独裁者的行径。按照他的估算，高氏土司也属于他亲自培植起来的势力。要不是他吴三桂，从紧随永历帝的高䍧开始，高氏土司世家完全可以列入诛杀范围。由于吴三桂的青眼相加，高氏土司不但保全了身家性命，而且还顺利地承袭了世职。这次高奣映的任命，也是他一手操办的。这样，高氏土司为他所用，是没有任何疑问的。

然而，吴三桂完全没有想到的是，高氏并不是趋炎附势之徒，他们的思想境界早就超出了一般为些许小利就感激涕零的地方势力代表。多年以来，高氏传人谨遵祖训，要保一方平安，要顾全大局。而现在摆在高奣映面前的大局不是别的，正是祖国的统一和地方的安定。云南再也经不起动乱了，整个国家都经不起战乱了。吴三桂叛乱，再度陷云南各族人民于水深火热之中。高奣映是不可能认同的，但是，他也无力回天。好在，他早已从梦中警醒，心里有了一些准备。

据刘健《庭闻录》记载，康熙十二年（1673）十一月二十一日，那一天黎明时分，吴三桂突然通知，“召各官赴王府会议”。这一次突然行动，当然是宣布他的反叛决定。当时，有很多官员站起来反对他的叛乱行为，甚至拍案而起，疾声痛斥，包括云贵总督和云南巡抚这样的大员，也都站起来与他抗争。但是，由于吴三桂势力强大，准备充分，所有一切来自帐下各级官员的抗争，尽管慷慨激昂，最终都是软弱无力的。

吴三桂采取了最强硬的手段，对不愿意参加他叛乱行动的官员，或“杖责”，或“诛杀”，或“流放”，没有一个得到姑息轻饶。刘健的父亲刘昆，就是因为不愿意参加行动而流放到滇缅边境腾冲卫去充军的。故而，刘健写《庭闻录》不但以亲历者身份，写得详尽真切，而且还义愤填膺，充满了正义之感。据刘健记载，就在那一天，云南巡抚朱国治惨遭杀害，云贵总督甘文焜被逼自尽。

那样一个初冬时日，昆明城内人心惶惶，天上愁云密布。吴三桂无情地惩治了那些不愿随他叛乱的大小官员之后，带领着亲信以及受他胁迫的官员，换上了前明的朝服，上了金蝉寺。这里，是他亲自下令缢死永历

明永历帝殉国处石碑

帝朱由榔的所在。时至此日，永历帝尸骨已朽，而作为刽子手的吴三桂，又在此处祭奠被他亲自送上西天的亡灵，誓师北伐。

吴三桂反叛的消息和再度催促高奣映“分巡川东”的公文几乎是一时间到达姚安的。此时，高奣映实在无法闪避，只得告别家小，挥退了亲临光禄夹道相送的官兵民众，乘骑上路了。

吴三桂的帅帐，团团簇拥的全是一班摩拳擦掌、嚣张凶悍之徒。而在他的心目里，高奣映完全应该是他帅帐中的一员。

据有关史料记载，高奣映到达川东重镇重庆时，已经是康熙十三年（1674）的冬天了。区区不到两千里的路，高奣映竟然走了一年多的时间。真不知道他怎么走又是怎么歇的，反正这一路，春夏秋冬四季的景色，全都让他饱而览之了。

就在高奣映于滇川途中磨磨蹭蹭、欲走还歇的这段时间里，吴三桂的叛军，一路杀出云贵，大有横扫千军之势。他自称天下都招讨兵马大元帅，所统率的大军，全部换上了明朝的服饰。在清朝刚刚立足后不久，在全国人民多认为是“异族入侵”之际，打出“复明”的口号，那似乎是一件多么振奋人心的事情啊！

可惜，吴三桂的名声实在太不怎么样了，更何况他专横跋扈、唯我独尊的禀性，晓知内情的人们，当一阵热情过了之后，就会离他而去。

不过，就在那样的时刻，吴三桂叛旗一树，很多“诸侯”纷纷响应，对此，可以开出一长串响当当的名单：福建耿仲明、广东尚之信、陕西王辅臣、四川罗森、广西孙延龄、襄阳杨来嘉。黑云压城城欲摧，在几乎群起而攻之的情势下，清朝大厦几乎摇摇欲坠。这其中，又有几个是明白人？

正如那一次噩梦所昭示的那样，高奣映被吴三桂罗致帐下，紧紧地绑在了他的战车上，真可谓欲诉无言，欲哭无泪。幸而高奣映是当时有数的明白人之一，他对吴三桂的叛乱深恶痛绝。痛定思痛之后，他联想到多年来吴三桂在云南的所作所为，种种戾行，深知这是一个名副其实的乱世之奸雄。他的野心，实际包藏了更大的祸心。吴三桂的叛乱，只会给中国带来新的灾难，倘若得逞，各族民众，只会再一次陷入水深火热之中。

在当时很多人的心目中，满族是“异族”，可高奣映的心中却有另外一本账，他从那个时候就深知：泱泱中华正如汇集了许多支流的长江黄河，形成了浩浩荡荡之势；中华民族是一个包容性强、胸怀宽广的民族，包括满人不都已融汇在其中了吗？明末腐败的政治和颓废的风气，果真比康熙治下的大清帝国好吗？社会需要安定，人民需要休养生息，任何动乱都是不得人心的，何况是个人私欲膨胀的吴三桂。

就是因为有了这样一种清醒的认识，所以似乎被罗致吴三桂帅帐之下的高奣映，也就有了他行事的准则，看清时局，分清是非。这样的行事准则不仅保住了高氏领地一方的平安，而且也在平乱之后保住了自己的身家性命。

高奣映以提刑职“分巡川东”，实质上就是吴三桂要他作为自己的马前卒，在川东地区联络各种地方势力，为其所用，从而建立起他稳固的根据地。应该说，吴三桂的这一战略意图，是非常高明的。一旦川东地区各种势力都投靠了吴三桂，都死心塌地地为他效力，也许即使举事失败以后，也不至于无路可逃。

可惜，川东乃中国之川东，吴三桂根本不能如愿以偿。

如果说，吴三桂凭着强大的势力和响亮的口号起兵云南，从西南杀向华南和华中，杀向全国，其汹汹的势态引起了朝廷的惊慌和全国的震动，那么，他后来失败的原因从根本上说恰如高奣映所意识到的人心向背，逆历史潮流而动。在人心思定的年代，任何以满足个人私欲为目的的战乱都只能是引火烧身，以自掘坟墓而告终。

学者风范

广袤的川东地区，从宜宾到重庆，到涪陵、万州，群山连绵，江河纵横。这对于久蛰滇中的高奣映来说，何尝不是值得历游一番的崭新天地呢？

一路上，高奣映几乎避开了所有战争的硝烟，走走停停，兴起而行，兴尽而歇，全然没有那种吴三桂所期待的重负在肩的样子。但这一条条泥泞狭路，又何时才有尽头呢？

说堂堂一个四品提刑的高奣映不负责任吗？那还真正冤枉了他，他沿途都在处理公务。当时，吴三桂交给他的公务之一是筹措粮饷。这一件事，他的确是做了，而且表面看来，他做得是那么认真。正因为如此，吴三桂及其亲信们才没有把更多的注意力投到了他的身上；也正因为如此，史书记载他这段时间的公务有“戎马生郊，兵饷是筹”的字句。至于他所履行的诸多公务，包括筹集粮饷等事究竟做得怎么样，那只有天知道了。反正，自从踏上川东的土地，他无时无刻不在敷衍吴三桂。

长此以往，不愿与吴三桂一起叛乱的高奣映，仅仅敷衍一番也不是办法啊！可是，除此之外，又有什么良策能够摆脱这缠身的恶魔呢？

在川东的很多地方，在长江两岸，在陡峭的山间和辽阔的平野，留下了高奣映的足迹。很多时候，他挥去随从，驱车骑马，毫无目的地驰骋一阵，漫步一阵。在这个时候，酒是少不了的。对于酒，高奣映不但善饮，而且能够饮出文化，饮出境界。不知道三百多年前川东一带酿过何等名酒，但在那时喝酒的人当中，高奣映应该是最值得记下的一个。

知其不可为而为之，尽管这种“为之”只是一种权宜之计，一种似乎掩耳盗铃式的应付和周旋，但他职位所在，责任所在，无论如何都与一代枭雄吴三桂脱不了干系。在更多的时候，醉酒也许就是逃避现实、拖延公务、回绝烦琐公务应酬的最佳办法了。

一位年轻有为的土司，在那段昏暗的时间里，就是这么用酒来消遣人生。而当他的这种“消遣”使他一时躲避了现实，赢得了属于个人的一点点时间和空间的时候，历史终于记住：在文化底蕴深厚，山水风光壮丽多姿的川东，在山前，在林中，在水边，在田园，一位来自滇中地区的诗人，正在那里触景生情，低头回味，昂首吟哦，写出了一首首动人的诗章。

后来，高奣映把他这一时期的诗词以及部分散文编印成册，这就是曾一度引起川滇两地文坛关注的《蜀江吟》《蜀风采》《巴怡集》等。

从现存的这些诗词来看，高奣映的心情是愉悦的，他写巴蜀风采，写高山大江，写民间风情，写青年男女的耕织，具有清丽的语言、欢快的节奏和动人的画面。这样的诗境，似乎与正在发生着的激烈的战争隔得很远很远。如情景交融的《竹枝词四首》：

一

高低垒冢冢迷荆，江上人家气欲平。
名利莫来争此地，无兵尚且自称营。

二

潢水惊源自上流，淘金弄得浊难休。
不知营内人多少，眼底何时清到头。

三

竹林高丛茨郁寒，豆酱人过卖甜酸。
村婆解骂小孩子，油幕中间有客官。

四

欲拜营官上北衙，塘兵称道事如麻。
我来闲眼看无那，且酌江潢泼叶茶。

这一幅幅乡村牧歌式的画面，这种气度休闲、超凡超俗的胸襟，怎么看都是一个没有任何压力的文人墨客的自由自得之作。也许，高奣映冷暖自知，他把郁愤压在了内心深处，仅仅以一种名士风范，来一趟长时间的沿长江两岸而东去的历游。从有关史料的记载上看，高奣映这次川东之行，最远之处曾到达了陕西南部的川陕鄂交界处。那里的地理环境，甚至于比他所在的滇中还要闭塞。高山之险，水流之急，是他先前所没有见过的。

从渝州沿长江东去，高奣映心中感慨万分。前辈文人杨升庵之“滚滚长江东逝水，浪花淘尽英雄”的悲凉气概，此刻深深地引起了他的共鸣。可叹世间还有那么多的人执迷不悟，为了一己的私利，不断地刀兵相向，挑起战争，使得多少无辜的生命尸横遍野，使得成千上万的民众流离失所……

每当想起这一切的时候，从小就接受佛教熏陶的高奣映常常自问：他是否已经生发了出家的思想？

在离家更远的东部，在举世闻名的长江三峡地区，从春意盎然闪烁着古老的生命活力的望帝，到战火已逝旧迹尚存的白帝城、张飞庙，每到一处，高奣映无不发思古之幽情。倘若吴三桂不发动叛乱，不把他绑在战车上，不让他刚在风发有为能够为国家为民族建功立业的青壮之年，就被挟持陷入了尴尬的境地，那么，这一路的历游，这一路的感受，又当有多么惬意啊！古人有云，读万卷书，行万里路。一代名儒高奣映，不但沉迷于典籍文献，更看重亲身经历。

在川东，高奣映更进一步地接触了祖国的大好河山，接触到了这一片大好河山之间很多的名人雅士。末路英雄兼世袭土司的才华和学识，折服了很多的巴东学子。渐渐地，他在这里的朋友多了，他的朋友圈子没有一个趋炎附势的浅薄之徒，甚至连一些市井味十足的官家子弟，他也不屑理睬。每日每时，高奣映每到一处，几乎都有置酒高歌的情景，都有“谈笑皆鸿儒”的流连。他探访当代名士，更每每抽出时间，凭吊古人，不但发思古之幽情，写出了很多即情即景的诗文，而且真正以古人为楷模，以古人为师，把自己的学业建立在更加深厚的基础之上。

高奣映沿江而下，在巫山一带，怀着崇敬的心情，拜访了一代易学大家来矣鲜的旧居。

早在“分巡川东”之前，他就探知他所尊敬的前辈和上司、云南提学凌夫淳先生正在研究《易经》，而且正在圈点来矣鲜的《来氏易注》。高奣映早就了解，来氏所研注的《周易》，在明朝初年曾经引起很多学界耆宿的称许，是一部精深细微的天才之作。所以，在他川东访学的计划里，拜访这位前贤旧迹是一个重要的内容。

来矣鲜原名知德，世居浙江萧山，曾经千里跋涉，来到湖北麻城访学，后又因先祖来到四川，在梁山县定居，所以，他几度一路西来，沿江而上，饱览三峡风光。他最喜爱“瞿塘艳滪之胜”，所以，遂号之曰“瞿塘”。当时，川东一带学界同仁，皆尊称他为“来瞿塘”。他晚年便在此定居，隐居于万县的求溪万山中揣摩《易经》，据说经常连续十个昼夜不睡，五六天不进食，真正到了废寝忘食的地步。

高奣映后来敬奉前贤，经过了一系列考证钻研和实地探访之后，写下了《来瞿塘先生家传》。在这篇感情真挚、内容恢宏丰赡的传记中，高奣映记述了一件事，那就是来矣鲜在求溪万山中，几度废寝忘食，忽然眼前一片光亮，在《易经》关于“见负于涂”一语中悟到了真谛，一下子融会贯通，思如泉涌。这便是在中国的《周易》研究史上，“象中求易”的典型范例。

后来，郭方伯先生说起这桩趣事，并评论道：在茫茫的历史长河中，很多大家都在以各种美妙的文字研求易理，说来说去，仍然难明其旨趣。而今，来瞿塘先生在具体的卦象中悟出了易理，看似简单，却最接近真理。所以，《来氏易注》直通《易经》的本源，破除了宋儒那种云里雾里的谬悠之说。这便是来氏对易学的重大贡献，有功于国、有功于天下。

关于《来氏易注》的真正价值，于此可见一斑。高奣映是天才学者，他在来川东之前对《周易》研究独辟门径，别有所得，早就享誉滇川两省。对他的年轻有为，凌夫淳是欣赏备至的。动乱之际的提学与土司，两级官员，早已由学问一道而惺惺相惜，相知相慕。在昆明辞行之际，高奣映执弟子之礼，专门拜访这位饱学的提学大人，并且当他知道，凌夫淳所圈点的《来氏易注》，已经大功初成之后，更是摩拳擦掌，跃跃欲试。

可以想象，这是一幅多么美好的图景啊！两代学者，两位官员，在吴三桂挑起动乱，率领兵马杀出云南之际，在一起持茶稳坐，谈论《周易》，谈论前贤来矣鲜对易学的重大贡献。后来的事情就顺理成章了，高奣映站起身来，双手接过经凌夫淳圈点过的《来氏易注》，包好，躬身退去。

后来，经过高奣映深加揣研的十五卷《增订来氏易注》得到了四川省很多官员的荐举，付梓问世。这项成果，便是高奣映“分巡川东”期间的一部代表作。

高奣映研究和编辑整理《来氏易注》，整个身心地投入，一发而不可止，有更多的启示，有更多的受益。后来，他相继写下了《来瞿塘先生家传》《来矣鲜先生易注序》《读瞿塘来夫子易注要说》。这些著述写成后，在川滇两省广为流传，而高奣映通过这次不期而然的学术活动，对易学的兴趣和造诣，进入了一个全新的境界。

在吴三桂叛乱之际，关于《增订来氏易注》整理付梓的整个过程，细说起来，也是西南地区文化史上的一段佳话吧！

高奣映在《易经来注图解》的“凡例”中说道（译文）：

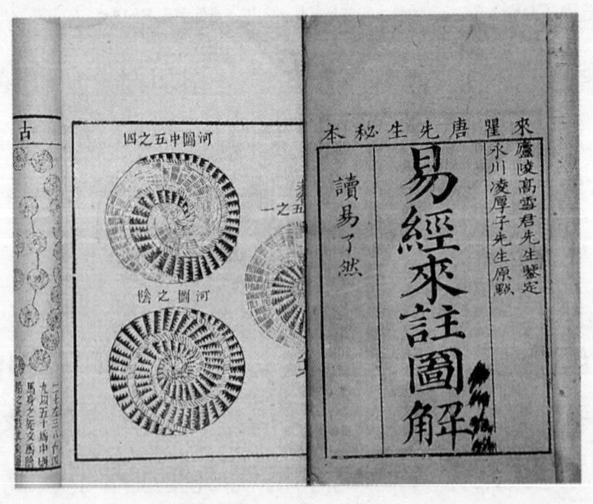

高奣映增订的来氏易注

作为官员，我的位置低贱，但有着冰洁的品格，虽然身上没有更多的宝贝，但却嗜好古代文章器物，几近成癖。关于前贤来矣鲜先生的这部著作，我争取到了上司和同僚的支持与帮助，才得以付梓。四川省巡抚张长官首倡，藩臬各司积极响应。这些大员一倡导，万州府州各级，以及本地的士绅名流，又共同出资出力。因为如此，才能够大功告成，我个人最不敢也不能贪功的。当然，本书我是访问旧址旧籍，历经了几年时间，又对全书校勘了好几遍，单是抄写，就有五次，才告杀青的。总之，这部书经我手开始于乙卯年的春季，完成于第三年的初春，可谓春去春又回，历经了二十四个月。其中刊印，我请了十二个工人，他们精于镂绣，使得这部著作更加精美……

经高奣映之手的《增订来氏易注》刊出后，立刻由四川、云南而流向全国，在知识界引起了极大的轰动。当时，很多有远见卓识的官员，特别是学术界的很多精英人物，都表示了对这一功德之事的嘉许。作为易学大师，来矣鲜名气很大，但其著述，经高奣映集大成以后成为经典，这是中国学术史上的一件几位学者之间相得益彰的盛事。后来这部典籍又有了许多版本。如1941年，上海远东书局影印出版的《增订来氏易注》；1989年，巴蜀书社校点出版的《易经来注图解》。

单从这一件事来看，在高奋映身上，几乎没有一点战火的味道，他的巡视，似乎成了他整个学术生涯的一段经历，一段受益和收获的经历。

凌夫淳曾经写了这段经历，写了在战火纷飞的年代，高奣映是如何“分巡川东”的。他说（译文）：

我清楚地记得，在甲寅年冬季，也就是圣祖康熙爷的冬季，巡视大员元廓先生高公来镇守渝州。他大量时间勤政于民，关心民瘼，访贫问苦，还广泛访问地方上的耆宿名人。有时也有人认为我以大欺小，不给高公面子，实际上，我已经在家里闭门读书，不与外界交往二十多年了。何况，我已年迈，还有什么趋炎附势的必要呢？可是，为了高奣映，我可以不怕冬天的寒冷，不怕车马劳顿。这样一来，有人笑我为了一个后生小子，就变成两个面孔了。这位少年有为的高奣映，生性豪爽慷慨，而且十分仁慈，他在外界的名声很不错，特别是疾恶如仇，又爱民如子，尊重各地的知识分子，虚心请教各地的风俗民情。高奣映博览群书，甚至在经史之外，那些玄门奇术，佛禅典籍，也无一不能洞晓。他还懂医知药，能为人切脉看病。作为一个大才子，诗词歌赋在很多方面超过了前人。这些方面，靠的是天资，而他的学问功底，又不知比别人强过多少倍。他看到我正在圈点《来氏易注》，便要刊刻传世，几次恳求。我深受感动，便把这样一件积德于后世的事件拜托于他。

这样一种忘年之交，这样一件亘古盛事，发生在吴三桂叛乱的年代，发生在受到吴三桂器重的巡守大员高奣映和几乎不问世事的前辈学政凌夫淳先生身上，这真是意味深长。好在，通过这一件事，通过前辈学长的观察，高奣映在川东所做出的政绩和所表现的情趣，也就一目了然了。生不逢时，甘苦自知，高奣映有生以来最辉煌的一次荣迁，所乘坐的竟然是吴三桂的贼船，这也许就意味着他政治生涯的终结，当然，事情远比所料想的要复杂得多。

托疾挂冠

英雄路短，故土情长，而知时认命的最终选择，不过如此……

泥泞狭途

初冬是一个多雨多雾的季节，况且此时的高奋映所在的地点是雾都重庆。雾茫茫，路茫茫，高奋映的心里更是一片茫然。

虽是“分巡川东”，但高奋映的四品按察使一职并不算高官，在渝州，在四川，官阶比他高的人很多。然而，高奋映作为朝廷的大员，而后在吴三桂反叛行动开始后，又具有一种朝廷命官和吴三桂身边“红人”的双重身份，所以身份非常特殊。此刻川东的局势也非常微妙。这里，吴三桂一直视之为个人的势力范围，而实际上，这里的各种地方势力，又不一定以吴三桂为然，他们看待问题和处理事情的准则，完全是从自己的利益着眼。正是川东地方势力的“利己”原则，客观上保护了一方的安定和平稳，因为，一旦卷入战乱，无论对地方统治者，还是对治下的民众，都没有什么好处。

也许，所有这一切，所有这些微妙的局势，都还不是全部，更重要的是无论从当时的大局还是从道义上看，大清帝国既已统一全国，并且已经走上了励精图治、强国安民的轨道，那么，所有破坏这种局面的人和行为，都是不得人心的。高奋映是朝廷的命官，此刻和他在一起共同署理川东事务的各级官员，也是朝廷命官，他们理应携起手来，共同为一方的安定和发展而努力，而尽到各自不同的职责。

但是，在那样一种局势下，这几乎是不可能的。

几多风雨，几度春秋，如今又是一个多雾的初冬，高奣映驱马疾走，又牵马徐行，不知不觉，混混茫茫地来到了长江边上。望着奔流急下浩浩荡荡的江水，他可以说是心潮起伏，思绪万千，也可以说是怨天尤人，悲伤欲绝，总之，甜酸苦辣咸，种种滋味，他都尝尽了。阵阵江风，吹乱了他的须发。他手捋乱发，不由一阵惊颤，因为，他发现已经有了白发。一根、两根……可谓摘之不尽，理之又生。

谁说是年华有节、岁月无痕呢？这不正是沧桑岁月留下的痕迹吗？

谙熟中国诗词名作的高奣映，此时此刻，跟更多的不同时代经历同样情景的人一样，他不由想起岳飞的那首《满江红》来。“莫等闲，白了少年头，空悲切”，这不正是他此刻的真实写照吗？无论如何才高八斗，名闻一方，无论如何少年得志，升迁腾达，但凡生不逢时，总是黄粱一梦。更何况，他这一身重任，和他所面临的境况，关系一个显赫世族的安危。

此时为康熙十五年（1676），“白了少年头”的高奣映，年满二十九岁。

对于长江，高奣映一生都寄予了无限的深情。作为土司，他家的领地就属于金沙江南岸。他在金沙江边长大，而在此前，他断然没有见过整条长江的雄伟气势，更是没有把他家领地面前的那条水流湍急的金沙江，想得那么悠远，那么辽阔。当时，金沙江又称“泸水”，很多前贤，几乎倾尽了毕生的精力，勘踏这条大江，写下了诸多考据文章。古代很多经典文献，对长江发源地的记载简单含混，使得生活在长江上游的人们，都不知道面前这条养育了自己的水流就是长江。《尚书》云：“岷山导江，泉流深远。”这似乎没有什么错，但这种直观的认识，使得长江这条神龙，大有见尾不见首之慨。所以后来高奣映写了著名的地理学名篇《江源合辩》，认为《尚书》的一个“导”字，没有弄清长江之源，究竟是在岷山，还是在更远的吐蕃之地，只有“深远”一说，似乎终于对这条神龙有了大体的认识。

高奣映对江沉思图。何昆义画

高奣映对长江的认识得益于他的这次川东之行，而他对历史与现实，对祖国和古老的中华民族的认识，不也得益于他的这种深刻的体验和领会吗？

滔滔江水，不分昼夜地向东流去，又不知自古以来，有多少像他一样命运的人，对江长叹，对江吟哦，对江沉思而不息呢？远的不说，他的前辈杨升庵，就是几次或渡过长江，或溯江而上，对着滔滔江水，发出宇宙间最深沉的感喟吗？“滚滚长江东逝水，浪花淘尽英雄，是非成败转头空。青山依旧在，几度夕阳红。”自然，杨升庵起码是一个全国知名的大才子，他曾殿试夺魁，金榜题名，却从得意到失意，以失意的几次长江之旅和云南之旅，病死他乡，结束了生命。

都说自古红颜多薄命，实际上，自古才子更是每每夭折在生命的鲜花开放得最艳丽的时刻。后来高奣映在他的《迪孙》等历史著述中，对像屈原、阮籍、嵇康这样的天才发出更多的感慨，其思古之幽情，更多的则肇自于此时此刻，此情此景。

历史上，才子与才子之间，往往有一种心灵的沟通和思想的碰撞，在这种沟通和碰撞后，会心一笑。年少而多艰的高奣映，便是在这样一种穿越时空的交流中使自己的认识进入了一种全新的境界。

人们都说英雄无用武之地才是最可悲的，可是谁又知道像“秦琼卖马”式的英雄落魄才最使人潸然而泣下呢？然而这一切，比起此刻高奣映的近似英雄被挟持式的惨状，谁更值得后人的关注呢？也许，受到吴三桂“倚重”而此刻正在对江长叹的高奣映，更应该令人痛惜扼腕。因为，这其中更多的历史误会，把我们的这样一位受领地内各族人民尊重的土司折磨得如此焦虑不安。

家乡的父老乡亲在挂念着自己尊敬的土司。很想有一番作为而不得不身陷泥潭之中的高奣映，也在怀念自己的家乡，怀念领地里与他鱼水般融洽的各族人民。而此时能够寄托他思乡情思的，唯有这一江波涛和两岸青山。

那年初冬，在家乡还是一片暖阳融融的时候，他几乎只身单影地来到昆明，又从昆明北上，翻山越岭来到了川滇交界的江面，可谓“孤帆远影碧空尽，唯见长江天际流”。这时，已是凛冽寒冬了。四川的冬天远比他家乡冷得多，当面对着动乱的局势和蜂起的兵祸之时，寒风穿透了他的肌肤，更大的寒意却从他心头涌起。

就在这样的时刻，在长江边上，高奣映站了很久很久。江边突然涌来了一群逃难的民众，他们衣衫褴褛，疲惫不堪的气色，从污垢重重的脸上流露出来。开始，高奣映并没太注意到这群难民，而当他警醒过来的时候，难民却离他愈来愈近了。他们向江边走去，不知是要寻觅充饥的食物，还是要找到可以权当脚力的船只。在他们眼里，一身便装而气宇轩昂的高奣映似乎并不存在。

看着这群难民，高奣映在无可奈何的同时，眼前忽然一亮。说真的，吴三桂的叛乱造成了多少人民流离失所，无家可归？高奣映身为“分巡”大员，不但改变不了这样的现实，反而是人民的离乱让他成为敷衍搪塞吴三桂的借口。

后来在高奣映脱离狼巢，回到家乡后不久，他的一位四川朋友龚懋勋写了一篇《先生三十三岁寿序》，内中所列亲闻亲历的事情，可以看出高奣映之所以受到川东人民的赞誉，是因为他身系人民的困苦艰辛，身系地方的安宁，而且能够随机应变并尽可能地造福一方。

龚懋勋写道（译文）：

我大清王朝初定，天下初享太平，刚刚十四年的时候，坐镇昆明的平西王吴三桂不顾人民生死，掀起惊天巨浪。当时，刀架在了脖子上，高奣映为了家人的性命而受命到了川东。后来，先生解释道：当时如果不行权宜之计，家人必然受诛，家乡父老必然生灵涂炭。如此一来，性命没了，还谈什么齐家报国？我来川东受职巡视，实在是没有办法啊！吴三桂狼子野心，我对他也不能不多个心眼，总之，我要安定我所在的地方，我要为国家的统一而尽一点力气。怎么尽呢？当然是吴三桂的所有命令，让我补充兵员，让我筹集粮草，我都以民众都在逃难为由，拖延不办。这样一来，川东民众就可以少受一点兵害。并且这样一来，吴三桂的势力就不能轻易进入。兵力不足，粮草不济，吴三桂必然军心涣散。朝廷要的就是这样的效果。吴三桂的兵就这样不能出汉中而扑向中原，巴东也稳固了，云南也会安宁得多了。

这一番言词，出自川东名士之手，可见他与高奣映是多么贴近，对高奣映的认识又是多么真切深刻。

以乱民逃兵为由把吴三桂所赋予的责任一推了之，这是一种策略，一种机智，也可以理解为吴三桂的动乱不得人心。不得人心，失败也就是必然的了。

乱民逃兵为高奣映的消极应对找到了口实，而他现在要找的口实，是怎样彻底离开这个大魔头。

想当年，他与很多川东才俊在一起饮酒，在一起表达风华正茂者的志向，龚懋勋也是其中的一个。川东人性格豪放，这一点，很对高奣映的兴头。他们就这样在一起谈今论古，忧国忧民。日复一日，高奣映终于疲倦了。因为，坐而论道，一直为高奣映所深恶痛绝。高奣映幼时所读之书，有不少宋儒、明儒，他们成天在“心斋”“坐忘”“明心”“见性”，成天在打着古之圣贤的幌子逃避现实。空谈阔论一旦走向了极端，那不是误国误民又是什么。高奣映实在不能空谈阔论了。所以，有一次他喝得酩酊大醉，几天都起不了床，吓得那些朋友环侍床前，精心侍候。每想到此，他心里真过意不去。看到朋友那种真心关切的样子，高奣映巴不得再多卧床不起几天；可是，那样一来，岂不苦了朋友？

每念及此，高奣映都会由衷地感到一阵阵温暖。而此时此刻一念及此，他对如何脱离吴三桂心头有了主意。对，装病，这是一种最简单的办法，而事实证明，最简单往往也最有效。然而，当他要真正实施这个最简单方法的时候，却迟疑了。

从康熙十三年到十六年（1674—1677），高奣映“观察川东”已经前后跨过了三个年头。这期间，他何尝不想急流勇退，可是，难啊！难在什么地方？他现在反思一番，终于找到了答案。一是吴三桂盯他太紧，他还不敢真正和吴三桂撕破脸皮。他的故乡，还紧紧控制在吴三桂手里；他的母亲、妻小，甚至他那在昙华山修行的父亲，还有他的族人，他的乡亲，这所有的人，他们的身家性命，全都系于自己的一身啊！这是一点，但这一点也许不是造成他行动迟疑的全部，还有更主要的，那就是植根于他心灵深处的思想理念和价值观，即他一生始终心口如一的忠和义。

“天道甚分明”

研究高奣映，其中一个最有趣的课题便是这位有德的土司，他的人格操守，他的处事原则，他的内心深处所深藏的为国为民为故乡建功立业的思想，那是没得说的，可是，他生于乱世，当能够一显身手的时候又不得其时，被紧紧地绑在了吴三桂的战车上，落下了一个“附逆”的历史罪名。这便是他人生悲剧的根由所在。他是一个悲剧性的历史人物，在他身上，不但集中了中国古代仁人志士的许多优秀品格，还有一代贤明土司的种种为各族人民所认同的习性。要不然，三百多年以来，家乡故土的各族人民，何以都崇敬万分而又亲切自然地称他为“高土司”呢？至今，这个带有崇敬和亲和的称谓仍未改口。总之，高奣映作为一代奋发有为却又艰难坎坷的土司，他的骨子里所深植的传统理念和忠义思想，造成了他更多的“不识时务”却又不能随机应变的行为。

所以，他欲摆脱吴三桂的控制，连一个最简单最有效的办法，都迟疑了很长时间。

在这里，有必要说明一下高奣映作为一个“大明忠臣”之后，为什么很快地就“顺应”和“适应”了清王朝？这仅仅是因为清廷批准了他承袭土司世职他就要感恩么？事实并没有这么简单。否则的话，高奣映作为一位历史人物的形象，就要逊色多了。各种史书认为，清王朝建立以后，特别是清军分三路入滇并很快平定了云南之后，高氏土司“投诚”，是为了保住身家性命，进而保住世袭土司的职位。这当然没有错，但是，难道这其中就没有个人的一点自觉和主动吗？

据有关史料记载，高奣映“投诚”的时间是清顺治十六年（1659），而且还有更详细的记载是当年四月甲寅。这次投诚的土司，据说有数十人众。此时，高奣映年仅十二岁。十二岁的少年无论如何成熟，都不可能自主地决定一个世职和一个家族的命运选择，所以无论是主动还是被迫，“投诚”都是他父母的事情。这笔账算在他身上，使得他在一些文献中有“投诚土司”的称呼，这似乎也是事实，因为，他父亲在名义上已经把土司世职交给了他。但是，所有这一切都不是主要的，都不是解释他一心一意效力于清王朝的行为。

高奣映对于历史的见解，在他存世的一些史学著述中，可以看出他的一些理念，可以堪称与近代的先进史学观相媲美而毫无逊色，那就是不以朝代的更替为准则，而是以地方的稳定、民族的安宁和中国的大一统为终极目标。凡是给地方和国家带来动乱、给人民带来灾难的，都不值得盲从。“异族入主”的清朝，一扫明末颓靡之风，实现了地方和全国的安宁与振兴，使高奣映看到了希望，难道这不是一种值得维护的大局吗？

高氏家族历来要求子孙为国为民，当忠义之臣，所以，高耀忠于明王朝，落得了一个好名声，而“投诚”以后为清朝效力的高奣映，同样落得了一个好名声。这看起来似乎是断断不可之事，可却得到了正史和民间一致认同，难道不值得深思吗？这其中固然有很多原因，甚至也多少有一点高奣映委曲求全的味道，但更值得肯定的，是高奣映的“忠”，他所理解和实践的忠义理念，是一种立足于祖国统一稳定和人民安居乐业的大“忠”。为了能够这样，个人受一点委屈，又算得了什么呢？

在高氏家族的这段历史中，一些很有趣的现象曾经引起后人的关注，甚至还有更多的争议。他的这次以按察史的身份“观察川东”，很多人都认为是“附逆”，是为吴三桂所用，便是一桩积年公案。父亲高耀对明王朝，特别是在明朝灭亡以后，对永历小朝廷的愚忠之举，看似愚蠢至极，实际上也是在践行家族一贯倡导的忠君理念。高耀后来以“出家”的形式成全了一世的名声，幼小的儿子从此背上了一个“投诚”的包袱。可高奣映偏偏不以之为然，他甚至在成年以后对土官的职责履行得更加出色，为什么？因为“为国”和“为民”紧密地联系在了一起，他自然要倾尽全力了。

高奣映在晚年对中国的历史尤有心得，而且很多观点跟传统的道德思想大相径庭。比如，在《迪孙》的“善人”和“窥端”两篇文章中，他说：冯道在五代时期是一个了不起的人，但很多人都骂他没有骨气。可是看他是否有骨气，并不能如此简单妄断。冯道经历了四姓朝代十二位君王，但他仍然是一位忠臣。为什么呢？因为他能够“权济”，而且“权济”的目的更多的不是为自己，而是为天下苍生。这是一种高尚行为，高奣映把冯道的这种行为总结为“济时”。

面对茫茫长江而似乎穷途末路的高奣映，此刻的万千思绪，百般忧愁中，却又横地里闪出一个在中国历史上最有争议的历史人物冯道，这绝非偶然。虽然在他的前辈李贽那里，已经对这个人物做出了异乎寻常的评价，其惊人之论曾经一石激起千层浪，引起了封建卫道士们的围攻，然而，他的正义的呼声，却得到了高奣映的由衷响应。

历史上的冯道的确是一位不寻常的人物，他的经历富有传奇色彩。他在这富有传奇色彩的经历中的所作所为，更是令许多后人不可思议。冯道是五代十国时期的一位封建官僚。唐朝末年，投靠军阀刘守光做参军。刘守光垮台后，又投靠张承业当巡视官。张承业欣赏他的才华，又把他推荐给李克用，出任河东节度府掌书记。后唐庄宗时，当上了翰林学士，后唐明宗时任宰相。《资治通鉴·后国记》说他“自是累朝（唐、晋、汉、周四朝八姓）不离将相、三公、三师之位”。公元934年3月，潞王李从珂举兵攻后唐愍帝，愍帝逃卫州。冯道劝进李从珂登基，李从珂因他劝进之功，拜他为大司空。其后石敬瑭当上了契丹的儿皇帝，改朝代为晋（史称后晋），冯道又任相国。辽兵灭晋后，冯道入朝，辽太宗问他：“你自称老子，是什么老子？”他回答说：“无德无才，痴顽老子。”太宗听他自己骂自己，被逗得喜笑颜开，让他当太傅。后汉取代后晋以后，后汉高祖刘知远又让他当太师。公元951年，郭威率兵攻进开封，后汉隐帝被杀，冯道率百官朝谒郭威，当上了太师。公元954年，郭威驾崩，周世宗柴荣新继位，北汉来攻，柴荣想要御驾亲征。冯道出自一片忠心，劝谏他不要去，言词过于犯直，开罪于世宗，被罚往新郑县修陵，不久就死了，终年七十三岁。

这种经历，高奣映自然无法比拟，但他觉得此刻的处境是与冯道类同的，更何况，在为国为民、严己律己等道德操行方面，冯道有着很好的口碑。在学术上为冯道辩解，在经历上与冯道相比附，不也是一种坦诚吗？

想到这里，高奣映会心一笑，也许，很多东西，他终于看破了，想通了。他口占道：“穷达皆由命，何劳发叹声？但知行好事，莫要问前程。冬去冰须泮，春来草自生。请君观此理，天道甚分明。”

一直迟迟没有下贼船，除了吴三桂盯他太紧以外，更多的是他似乎与生俱来的忠义思想，使他“忧多”而“行寡”。现在，一切都想明白了。人格操守要服从大忠大义，服从国家的统一和人民的愿望。吴三桂的叛乱行径，大大违背了他的初衷，那么，还有必要与之软泡硬拖吗?

从感情上说，高奣映和父亲一样，都愿意“忠臣不事二主”，为明朝殉葬也在所不惜，然而从道义上说，顺应清朝也不失为一种明智的选择。而当这种选择已经形成了事实，当他已经确认他眼下的按察使这个职位只能面对吴三桂而不是朝廷时，特别是吴三桂已经离开滇川境内并且战场失利无法再控制他时，他认为条件已经成熟，该当机立断了。

冬去春又回，一派新春的景象。

重庆的清晨暖润宜人。可是，康熙十六年（1677）春天的一个清晨，按察使衙门的当值人等一进正堂大门，都惊呆了。只见案桌上置放的顶带花翎，以及下面压着的一张便笺，凄然黯然，其主人已不知去向。字面的意思，当然是因病不能理事而辞职了。

这便是后来史学家称之为“托疾挂冠”的真实情境。

高奣映一身便装，站立在船头上。小船溯游而上，这座曾关系他政治前途的渝州古城慢慢地消失在身后了。此刻他虽然疲惫不堪，可在他的满脸倦容中，闪现出了轻松的神采。

平乱功勋

江山初定，故园依旧，而他所付出的，实在太多太多了。此时他所应和所能做的，不正是父老乡亲苦苦等待的边疆安定吗？

大智大勇者

姚安坝子的西北方向，群山连绵。这里是横断山的余脉，这里更是大理、丽江等滇西、滇西北重镇交汇的地方。姚安府作为一方要地，作为自汉唐以来西南地区的一个重要区域，不是没有原因的。明代开始的府一级建制，姚安府向东南和东北与楚雄、武定二府构成鼎足之势，这便是现在楚雄彝族自治州的基本格局，而向西北和向西，则与丽江、大理二府形成掎角之势，是滇中和滇西地区交汇的要冲。高氏土司衙门坐镇于此，坐落在倚山傍田的光禄古镇。

是日正午，太阳高照，万里云天之下，战火的硝烟若断若续，只见从高氏衙门中走出两个人来。前面那人，个子不高，三十多岁年纪，满脸的胡须掩盖不住少年的英气，于书生的秀雅之中透着几分豪兴，几分粗犷。这个人便是高奣映，身后那人是他的族兄，也是他的伴当。

高奣映站立门口，不一会儿，只见伴当牵出两匹马来。这是两匹典型的云南种马，个头不十分高大，但却很敦实，特别是走山路，这样的山马的脚力更是无法取代。高奣映身背水壶，利索地跨上了前面那匹斑白的马背上，双腿一夹，很快驰出镇外。两人两骑，沿山西去，又北折。看不出来，他们的这番出行，究竟有几分意兴呢？抑或，他们是去赴一个什么重要的集会。

直到高奣映走了一个多时辰，夫人金氏才去向太夫人木氏禀告。高奣映是去赴一个约会，但这只是他一厢情愿的约会，对方是吴三桂麾下的怀忠海将军，是一员能征善战的骁将，是一位虽然和高奣映有几分交情，但自从他“托疾挂冠”以后就对其所谓不仗义行径恨之入骨的吴三桂的死党。这样一来，不请自来的高奣映，在凶残彪悍的怀忠海将军营中，就面临着一场性命攸关的危机。

而置个人身家性命于不顾的高奣映，此刻所表现出来的自信，以及说服乱军放下武器向朝廷投诚的智慧，却表现得那么完美，那么令人拍案称绝。

这件事发生在康熙二十年（1681）。这一年，吴三桂的叛乱基本被镇压下去，反攻得势，一路进逼的大军，在桑额等将军的率领下，已经进入云南，已经逼近吴三桂的老巢。

应该说，高奣映的“托疾挂冠”，他的深思熟虑又猝不及防地与吴三桂决绝，可谓正得其时。此次他只身进到山里，深入狼巢，所表现出来的大智大勇和胸有成竹，是他“平乱之功”的开始，也是他顺应全国潮流，保一方平安，使乡亲族里不受兵祸之害的一种大胆的选择。

就在高奣映从川东回到姚安后不久，全国的形势发生了根本性的转变。实际上，雄才大略、励精图治的康熙皇帝，对吴三桂的狼子野心早有警惕，早已做了一系列周密的准备，只不过是吴三桂及其参与叛乱的各路藩王势力太大，一旦爆发便一时难以抵挡而已。康熙及其谋臣

姚安德丰寺，现为县博物馆馆址

们顺应和利用了人心思定这个有利的条件，为安邦和安民而战，堪称正义之师。这一点，也是高奣映在被挟持之后，猛醒过来的最大感触，也是他很快离开吴三桂的根本原因。

年轻的康熙皇帝，对平定三藩之乱，胸有成竹，表现出了异乎寻常的果断和决心。当时，他首先对藏区的分裂分子所提出的划江而治的图谋严加痛斥，认为中国南北一体，不能分离，更不能在他手里分离。吴三桂的嚣张气焰，曾经也使满朝文武人心惶惶；种种动摇和丧失信心的议论不绝于耳，可谓山雨欲来风满楼。但这一切，都没有动摇康熙皇帝平乱的决心和信心，更没有打乱他对付三藩以及其他地方势力动乱分子的战略部署，或军事打击，或招抚劝降，一切都进行得井井有条。凭这一点，吴三桂的败局似乎早已定了。

朝廷的平叛之师，不久就扭转了局势。继在西北的军事行动和政治攻势取得成效之后，主力南下，在长江中游一带对吴三桂的主力形了成包围之势；与此同时，在两广和福建，朝廷已经取得了绝对的控制权。吴三桂已经陷入四面楚歌之中。

康熙十七年（1678）三月，处于风雨飘摇中的吴三桂，面对全国各族人民的一片声讨之声，面对不可扭转的败局，气急败坏。一个威武勇猛的大汉，似乎一夜之间成了一个形枯神散的老头。到了这样的时候，他还做破釜沉舟的最后一搏。在几个死党的簇拥下，他在湖南衡阳仓促称帝。南国的春天来得早，一派春天的景象与吴三桂的心境形成了反差。春天的田野里，春天的群山中，大自然的和谐图景都被吴三桂挑起的战火破坏得焦乱不堪。一场沐猴而冠的闹剧，只能加速他的死亡。

转眼到了秋大，八月本应是一个收获的季节，但处于战乱之中的湘南，甚至长江两岸的大片土地，都是颗粒无收。叛乱军士全无斗志，沿途人民啼饥号寒。就是在这样的时候，吴三桂暴病身亡。一场皇帝梦，只持续了五个月左右的时间，真可谓上天有眼，苍生有幸。

次年，吴三桂叛军主力先后被朝廷大军歼灭于长沙、岳阳、衡阳等地。据有关史料统计，这次在决战中被歼的叛军达十四万之众。战争以后，湖南境内的吴军残部退到广西，散而为匪者过半，剩下的仍作困兽之斗。吴军在四川、贵州境内的主力，凭借有利地形苦苦撑持了一年多的时间，也退出了四川，向金沙江南岸集结。这些集结的叛军，气势汹汹，虽然分散，但都具有相当强的战斗力。

这已是康熙二十年（1681）的事情，而高奣映此刻只带一个随从所要独闯的，便是这群残匪的一部。怀忠海将军身为清军将领，同时又是吴三桂得力的部下，骁勇善战，向来为吴三桂所看重，为吴三桂在四川地区冲锋陷阵，战功卓著，此刻逃到了高氏土司领地内的两姚地区，绝不意味着轻易就能就范。高奣映不能容忍在他的故乡再起战火，荼毒百姓，所以，他要冒险一试。他的这次赌注，是因为他从前与这位骁将还有几分交情，以及怀忠海多少还有识大体的一面。

当前的局势，怀忠海不能不面对。

中国人无论是友是敌，只要上得门来，就在无形之中平添了三分情面。此刻，高奣映已经坐在了怀忠海的酒桌上。故人相见，酒是少不了的，酒能使人产生豪气，能使人更好地沟通。百般言语，尽在一醉之间。

高奣映醉了，他整个身心放松地睡在了怀忠海的帐中。怀忠海却没有醉，但他已经有了那么一点醉意。刚才在酒宴上高奣映向他所陈述的大势和大局，他是知道的。他清楚地记得，康熙十九年（1680），清军以得胜之师，一路追击吴军中路残部，攻占了最后一道屏障贵阳。吴三桂的孙子吴世璠率残部逃回了平西王老巢昆明。康熙二十年（1681）初，也就是这年的初春，清军攻入云南，直逼昆明，时为二月中旬，春分之前。号称吴三桂帐下的第一猛将胡国柄率领所余精锐万人之众出城拒敌，企图以“象阵”破清军于昆明城郊，怎奈大势已去，人心已散，所谓精锐也早成了强弩之末，不堪一击。只几天的时间，据守昆明的叛军便被悉数消灭。胡国柄及所属九名勇将皆被斩首，吴世璠自杀。至此，持续八年之久的“三藩之乱”终被平息。

在这样的情势下，无论如何抗争，都是徒劳的。按照高奣映所说，抵抗只能是死路一条，但是，不抵抗也免不了被杀头的结局。这一点高奣映也不能给他任何保证，因为，他此时来帐中劝降，并不代表官军，仅仅是以一个朋友的身份来善言相劝的。高奣映不希望他做无谓的抵抗，因为如果那样的话，鱼死而网不破，更主要的是殃及无辜的百姓。绝望的怀忠海将军，人之将死，其善言不能不听。就在高奣映酒醉之时，他的部下苦劝杀掉这位说客，以作最后一击，不行就上山为匪，但被怀忠海喝退了。即使不听劝，也不能杀这位朋友兼使者的俊杰后生，这是怀忠海所坚守的准则，恐怕这也是高奣映放心前来的缘故。

后来高奣映在他的佛学著述中，多次讲到人但有一丝善念，便能以此为端，开启大智慧，成就大功德，想必他有着诸多这方面的体验吧！

高奣映还在沉睡，睡得那么香甜，那么坦然。望着这位年轻的同僚和后生，怀忠海将军心里也坦然了。他已打定了主意：即使不能成佛，也要放下屠刀。

由云龙先生在民国《姚安县志》中记述了高奣映的这次行动：“辛酉，以只身单骑殄大敌，制溃军。”

据说后来放下武器的怀忠海将军，也留住了性命。

高奣映奋不顾身，为了一方的安宁而表现出来的睿智和勇敢，这仅仅是一个例证。实际上，他从川东悄然走出渝州的按察使衙门，“托疾挂冠”以后，就无时无刻不盼望着这一天的到来。为了这一天，他几乎是蓄足了力气，养足了精神。一旦建功立业的欲望和为国为民的理想结合起来，那么对于一代才子的高奣映来说，所焕发的精神，所点燃的热情，所投入的精力，那真是一发而不可止。

从川东归来以后，既然是“托疾”，那就要有那么一点生病和养病的样子，可是，一旦时机到来，他就奋身而起，亲率土司兵，参与了围歼吴三桂残部的战斗。这一段时间，他不再居家养病，深居简出了，他的机智，他的勇敢，他的才干，在这段时期内展示得淋漓尽致。尽管很多史料称他的这一举动是反戈一击，而他，在更多的时候都自认为仅仅是一种正义之举。或许在他看来，既然没有与任何敌酋并肩战斗，何来反戈一说？

雄才奇兵

辛酉年确实是不平常的一年，高奣映似乎早就盼着这一年的到来。吴三桂的分裂与动乱不得人心，吴三桂战败以后，他的残部在滇中、滇西北地区继续为非作歹，祸害乡里，作困兽之斗，更是使高奣映心急如焚，他从道义到行动，都要维护祖国的统一，他要不辱祖命，保持一方的安宁，保护领地内各族民众的平安，就要为朝廷出力，为肃清叛军残余势力尽一份力。

这份特殊的功劳，自然是非他莫属。因为，逃窜在山里凭借地利之便，或者藏匿于民间伺机而动的残匪，更多的要依靠他这样的地方势力来对付。

由云龙先生主编的《姚安县志》刊载了他的孙子高厚德于乾隆年间所写的一篇纪念文章《先生行状》，说道：逆贼吴三桂的叛乱被镇压以后，他的残部逃到了包括两姚高氏领地的广大地区。他们分别是：叛军的大将胡国柱在金沙江两岸地区活动频繁，他们的横行肆虐，给这一带的民族弟兄带来了灾难；被吴三桂封为“国公”的马宝占领了楚雄，势力大增，十分猖獗。这股势力与朝廷主力部队短兵相接，一场大战势在难免，而战斗一旦发生，楚雄也会面临着城毁人亡……

这就是辛酉年清军在云南境内平叛过程中所面临的形势。在北有胡国柱，东南有马宝这两大势力据险而峙的形势下，像怀忠海这样的抵抗势力，似乎就有了依凭。高奣映“只身单骑”，说服怀忠海归降，自然有釜底抽薪之意。这一行动的成功，大大动摇了胡、马二部的军心。而高奣映此时所做的事情，就是从腹心地区屡出奇兵，有力地配合了清军的平叛。

高奣映的军事才能，以及他凭借自己的才干所体现的正义之举，此时此刻，已经表现得淋漓尽致——

首先，他在姚安屯兵，号召他的土司家丁，以及临时招募的武装民众，筑起堡垒，阻断了楚雄马宝与金沙江沿岸胡国柱的联系，使敌人的这两股势力不得汇合。很多史书都称高奣映的这次布置为“疑兵”，利用疑兵“兴屯聚以分其势”，这样的用兵之道，对于当时的平叛行动，发挥了很大的作用。两股势力一旦会合，无疑会有更多的战争发生，而激烈的战斗一旦发生，又有不知多少民众要遭难。

由于高奣映的军事部署，马宝在楚雄成了孤立无助之势，很快就土崩瓦解了。马宝一瓦解，胡国柱军心动摇，结果如史书所说的：不攻而自溃。

其次，高奣映利用高氏土司在周边地区的影响和威望，频频出动，动之以真情，晓之以大义，劝说各分散的叛军残余势力放下武器。

吴三桂一倒，原来归顺他并受过他封官许愿的各种地方势力，并没有作鸟兽散，因为当时除了聚众作乱，他们再也没有什么生存的本钱了，可是他们又没有实力与平叛大军对抗。从上到下，他们都处于一片混乱和一片惶恐之中。在这样的时刻，高奣映的到来，使他们意识到已经抓到了一根救命的稻草。

滇中历来笃信佛教，无论如何冥顽之人，多会敬佛信菩萨。当一脸慈容的高奣映到来之际，当世代敬佛而有德的土司劝他们不要再造杀业的时候，已经处于绝境的他们，又会做何感想、做何选择呢？

就这样，在劝说怀忠海之后，周围一带各据一方与马宝、胡国柱形成呼应之势的各部首领，也在高奣映的劝说下，放下了武器。他们分别是刘汉章、杨开运、李发美、赵永宁。想当初，这些将领在吴三桂的麾下，是多么猖狂啊！

吴三桂一直视两姚一带为自己的大后方，殊不知在这一带最有实力的高氏土司，为了祖国的统一，为了地方的安宁，举大义、行大道，为云南境内的平乱行动立下了汗马功劳。兵不血刃，就使各路将领归顺。不但如此，一身戎装的高奣映，威风凛凛，四路出击，利用家族的威望和影响，凭借手中的实力，来往于姚安、大姚、白盐井之间，把所有冥顽不灵的"伪官吏"悉数缉拿归案，共缴获姚安府、姚州、大姚县、白井提举司、经历司及府县两级"伪印"七枚。

高奣映平乱有功，在全歼吴三桂叛军的行动中，保证了滇中和滇西北很多地区的平安，为各族人民所一致称颂。也正因为如此，朝廷授他布政使司参政道一职。

这些，都是高厚德在《先生行状》一文中所介绍的基本情形。那么，实际情况又当如何呢？或者说，高奣映以大义为先、大局为重，几乎奋不顾身地为一方稳定所创立的功勋，后人又当如何认识和理解呢？

当吴三桂兵败，其孙吴世璠匆匆逃回他们认为属于自己的根据地云南之时，马宝、胡国柱，还有夏国相这样的得力干将，仍然兵强马壮，还有一定势力据地称雄。

更可叹的，是他们一众人等，从吴世璠到大将军胡国柄、胡国柱、“国公”马宝，都始终认为高氏土司，以及高氏土司所在的两姚一带，都是他们的大后方。岂料高奣映大义灭亲，决不容许任何形式的反叛和分裂行为。

一代土司高奣映，他出众的才华，他以德服众的威望，他为领地内各族人民所拥戴的历史地位，在这样的关键时刻，在康熙辛酉年（1681）里，表现得那么充分，那么出色。

动乱岁月

历史为他提供了施展抱负和才华的舞台，可也决定了他的不可逆转的命运，到头来，此情可待成追忆……

为了一方的安宁

从春天清军入滇，平定叛军，消灭吴三桂残部，到了又一个秋收时节，又历经了半年的时间。虽然没有真刀真枪的格杀，但高奣映所经历的风险，所面临的危机，一点也不比战争中两军对垒时轻松。而他在这样历史关头出色的表现和建立的功业，避免了更多的生灵涂炭，也避免了大片注入了他感情的土地变为焦土。正当壮年之时的这一代年轻土司，成长得更加出众了。

他个子不高，但依然风度翩翩，脑门饱满，脸上留着经修饰过的胡须，眉宇间所透出的赳赳英气，眼神里所闪现的带有几丝忧郁的豁达与大度，都在表明，他已经俨然一代人杰了。他骑马从山里归来，又在田间看着喘着粗气的骏马如饥似渴地畅饮，不觉满意地笑了。因为在他的面前，又出现了一种和平年间的丰收景象。邑内的各族人民，在他的努力之下，并没有因为战争的原因而颗粒无收，箩筐之中沉甸甸的稻粒和玉米，还有紧随其后撒着欢儿的家狗，似乎在诉说着这方土地上的平静与安宁。

每到仲秋时节，高奣映都觉得又是一年的岁月快要结束了，正所谓“年怕中秋，月怕十五”。这可真是动乱的一年啊！而在他的心目里，这更是关系着他的前途命运、家族安危的关键一年。他以国家统一为先，以一方安定为先，所做的一切，客观上也为家族选择了一个光明的前途，他的世袭土司一职，仍得到了朝廷的承认；作为曾是吴三桂臣属的他本人，还得到了朝廷“布政使司参政道”的封赠。

吴三桂的叛乱行径，为任何一个心系国家和百姓的人所不齿，可是，想当年，高奣映曾是吴三桂所赏识和重用的人啊！每念及此，高奣映不由一阵阵毛骨悚然，他牵马而行，在归家的途中缓缓走来，满目尽是一派惬意的田园风光，一派令人振奋的丰收场面。可是在这其中，他历数这一年来他的所思所见，所作所为，脑子里始终有几个挥之不去的形象，在缠绕着他的思绪。

他最不能忘记的，就是马宝。按照年纪，马宝应该是他的前辈，是他曾经所敬仰的一位英雄。

马宝曾经是农民起义军的一位领袖，后来投顺了清军。当然，他所投顺的清军领袖是吴三桂。在吴三桂的帐下，马宝算得上一员骁将，不但能征善战，而且慷慨仗义，能为朋友两肋插刀。当高奣映得授按察使，“分巡川东”之时，曾跟马宝有一面之缘，谁又曾想到，这一面之缘，也从此拉开了他们两家的几十年恩怨呢？

因为马宝作战勇敢，屡建奇功，更兼他不问是非曲直，但凡于他有恩之人，他都能铭记在心，都能为之赴汤蹈火。因此，他虽然是一位英雄，也只是一位悲剧性的英雄。后来，马宝屡屡驻军在滇中的楚雄、南华一带，与姚安高氏领地相依相连，于是就同高奣映来往密切了。吴三桂称帝以后，曾封马宝为“国公”，这种荣显的地位，是高奣映所望尘莫及但的确也敬而远之，不能认同的。当然，不能认同也不能断绝关系，因为，马宝的儿子马自援同高奣映是文友加挚友。

就凭这一点，后来给高奣映带来了口舌，甚至给他的政治前途带来了致命的打击。这是他们两家个人的恩怨，但是，在那种情形下，在两人“同授伪职”的所谓“谋反”方面，有很多事情谁又能够说得清楚。好在，从来都讲究是非曲直，并且能够顺应历史潮流，认清大局的高奣映，在关键的时刻，在康熙辛酉年（1681），为维护祖国统一和地方稳定，大义灭亲，给了马宝叛军以致命一击。

事情还得从头说起。吴三桂死后，特别是叛军在湖南遭受清军的重创以后，马宝率部退回云南。他先是驻军寻甸，后来又一路西行，驻扎楚雄，当时他手中的兵，堪称叛军在滇中的主力。另一个与他并称双雄的将领胡国柱，原是明朝的一员副将，率部降清以后，战功卓著，连连升迁，最后做到云南提督。这一职位，在吴三桂以平西王坐镇云南的时候，自然是格外抢眼的。胡国柱什么时候成为吴三桂的得力干将，什么时候死心塌地，甘为吴三桂的马前卒，冒天下之大不韪，举起反旗，挑起战火，自然有一段故事。《清史稿》说他：到了吴三桂造反的时候，授他以大将军，封国公。他很有作战能力，曾经率部攻陷衡阳，围困长沙，大战岳阳。所有这些，皆是胡国柱的战功。而当叛军失败之时，大将赵良栋率部追杀胡国柱，而胡国柱则进入四川，从夹江起兵攻克雅安，占领西昌。就这样，在康熙辛酉年（1681），金沙江北岸一带，成了胡国柱的势力范围。

这样一支军队，如果南渡金沙江，进入云南境内，与其他叛军残部会合，那将是一件十分麻烦的事情，而且所有史料表明，吴世璠正是有这样的企图，要胡国柱渡江南下，与马宝会合，与清军作最后一搏。即使失利，也可像当年永历帝一样，逃往境外，在缅甸等地站稳脚跟，蓄势待发。正是在这样的时刻，在金沙江北岸会理等地与滇中楚雄之间，高奣映利用地利之变，为最后平叛立下了汗马功劳。

高奣映不但率领土司兵驻守姚安，扼住南北会合的通道，而且假传吴周政权的军令，将大批扩充的兵员纳入帐下，屯集姚安，造成疑兵，紧紧地封锁住了马宝与胡国柱之间的联系，使他们不能互通消息。

两姚地区北扼金沙江，南通楚雄，而楚雄又是从昆明往滇西的必经之地，清军平定云南，楚雄首先是必须克服的重镇，可是，马宝据兵坚守，使清军一时受阻。一场攻坚战在所难免，而战火的焚烧，必须使这一方重镇化为焦土。更可怕的是，如果胡国柱渡江南下，与马宝会合，那么，胜负就十分难料了。

高奣映这时所发挥的作用，其重要性也就可想而知了。不但如此，他还派出领地里的各族群众，利用到江北胡国柱的根据地走亲串友的方式，散布消息说马宝已在楚雄投顺了清军，从姚安到楚雄，大片土地已尽为清军所收复。这一招实在是太有效了。由于交通受阻，胡国柱根本无法验证消息的真假，只能是坚守一时，做观望之态。

胡国柱的这一观望，马宝就成了一支孤军了。所有一切，似乎都按照高奣映的思路进行。对叛军进行各个击破的时机似乎已经成熟了。

清军进攻楚雄，仅仅几个回合，马宝在军心涣散的情势下，被迫败退，一直退到吕合。云南提督桑额和都统希福率领大军，紧追不放。吕合一战，马宝所部彻底失败，但马宝仍率败兵，且战且退，一直退到姚安境内，进入深山老林之中。这位从个人感情来说受到高奣映崇敬的叛军将领，如此一进入，给高奣映带来了难题，同时也给高奣映的再一次立功带来了机遇。这是后话，暂且不表。

且说击溃马宝之后，能征善战的桑额，勇猛强悍的希福，这两位旗人的统帅，一路北上，从牟定进入元谋，渡过金沙江，到了胡国柱的老巢会理境内。几次接触，几场大战，由于大势已去，军心涣散，叛军虽占尽地利之便，但却全无斗志，号称虎狼之师的胡国柱被彻底击溃。这一饱受叛军蹂躏的少数民族地区，终于恢复了安定。

金沙江水流湍急，沿岸崇山峻岭，逃散的叛军，几经折腾，终于又走在了一起。胡国柱清点人数，还有数千之众。这数千逃兵，在他的率领下，沿江而上，向西部荒僻之地退去。他们退到了盐源，又从盐源进入丽江。前有险途，后面追兵步步紧逼，胡国柱残兵历经种种凶险，后来一直退到了鹤庆府，退到了云龙州。到了已经没有退路之际，这位猖獗一时的将军，这位从悍将到叛将的枭雄，最终自缢身亡。

进入姚安境内，在崇山峻岭间扎营据守的马宝，此时又当如何面对时局呢？这位高奣映曾经崇敬的前辈，年事已高，却身体依然健壮，斗志依然高昂，只不过是上了贼船背上累累血债之后，不可能回头罢了。

然而，在高奣映的心目中，即使马宝这样“国公”级的叛将，为个人计，为子女计，为邑内千千万万无辜的群众计，无论如何都要回头。特别是在他的领地内，他有必要劝阻马宝不再作困兽之斗，不再以千百无辜生命为代价增加自己的罪名。于是，在得知了马宝蛰伏的确切地点之后，高奣映又是“只身单骑”，风尘仆仆地来到了马宝的营盘。面对一片仇视，面对满营的杀气，高奣映毫无惧色，他对马宝，对帐下的那些绝望得几近于丧心病狂的将领，晓以大义，动以真情。这

高奣映在劝降途中。何昆义画

一次与到怀忠海的帐中不同，没有酒肉，没有痛饮的条件，有的只是山中冷冽的风和无数张面带菜色的脸。

也许，高奣映的真情打动了马宝；也许，高奣映诚挚的言辞说服了马宝；也许，高氏土司的威望震慑了众将。总之，高奣映的这次劝降又获得了成功。

只见马宝的老脸充满了悲愤，他的步履走出了一生的哀伤。陪伴他左右的高奣映，脚步安稳，表情自然，丝毫没有盛气凌人的张狂之态。此刻，已到了夕阳西下之时。崎岖的山路，一群零零散散的残兵败将，呈蜿蜒之形，慢慢向山下走来。

这便是在高奣映的劝说下，一代豪雄马宝投降的实况。马宝手下的降将，计有巴养元、赵国祚、郑旺、李继业、郎应璧等众。想当初，在吴三桂甚嚣一时的时候，这些人的威名，谁不畏惧三分。

一场围剿残匪的战斗就这样在兵不血刃的情形下结束了。看着英雄末路的马宝，高奣映此时并没有因又建功勋而踌躇满志，相反，他不由得从心底里冒出了一阵阵凉气。他与马宝儿子马自援的关系，他在十几年前与马家父子的恩恩怨怨，他的那段与马宝同列吴三桂帐下的经历，并不可能因他平乱之功卓著而销声匿迹。他深知康熙皇帝对吴三桂的仇恨，他更深知朝廷对反叛行径及随从人员的政策。

马宝的末日，是否意味他的命运由此而发生变化呢？对此，他不敢多想，但隐隐之中有一种不安的恐惧，并且这种恐惧夜缠梦绕，挥之不去。

刘健在《庭闻录》中记载了这一段经过，记载了马宝接受高奣映招降以后的一些情形，他说（译文）：

> 马宝这个叛贼，他曾经率领叛军几度使朝廷大军陷入困境，杀伤了大量的官军。全军上下，对他恨之入骨，个个对他欲撕之裂之分啖其肉而甘心。高土司招降了他。总督桑额没有食言，准备了仪仗队迎接他，给足了他的面子。一行人到了姚安府城。这个马宝真是太猖狂了，就在城里，在军威森严的城中，一次，他穿戴整齐，坐了一顶八人大轿，招摇过市，大声嚷嚷，说："我不出头，肯定要连累很多的人；现在我不惜一死，是为了救更多的人，让他们免于刀兵，保住性命。"他说这番话的时候，字字铿锵，句句动情，真像一个大丈夫。他手拿一条鞭子，簇拥在他周围的兵丁，稍不顺意，就惨遭笞挞，就像平日对他的手下那样……

刘健肯定是痛恨吴三桂叛军的，而他的这番记载，分明又对马宝有几分钦佩之意。当然，马宝的这番道理，也许就是高奣映劝说他时说的。

接受马宝投降，给他在礼仪方面相应的待遇是一方面，他虽然投降，其罪不可恕，也是明摆着的事情。

《庭闻录》接下去写道（译文）：

马宝在众军的簇拥下，到了楚雄，桑额亲自到郊外迎接，姿态非常恭敬，说了很多马宝的好话，并对他的深明大义表示了嘉许和赞赏。马宝喜不自胜，深以为这位旗人总督是知己，是一位可托付的铮铮汉子。他们在一起相聚了几天，每天晚上，桑额都要与马宝在一起畅饮欢聚。忽然有一次，几杯酒下去，马宝忽然心动箸停，呆坐在一旁，不停地流泪，真可谓男儿有泪不轻弹，只是未到伤心处。桑额大受感触，忙问有何事相托？马宝说他罪孽深重，难免一死，要桑额垂怜则过，照顾好他的儿子，并说他儿子马自援秀骨清奇，很有文学之才。第二天，圣旨早到，马宝换了一身囚服离开楚雄，离开滇境，被押解进京。圣断马宝从逆，犯下滔天重罪，罪不当恕，处之以凌迟。这样一种极刑，专门用以罪大恶极之人。马宝咬牙受刑，一声不吭，待到刀刃刺进胸中，方才大呼一声而死。

想当初，刘健的父亲刘维作为吴三桂的下属，因不肯附逆而受到流放，刘健对逆党的态度可想而知。可是，在他的笔下，像马宝这样的重要人物，竟也有几分英雄气质，可见当时他的声誉是非同小可的。可惜他只对吴三桂讲哥们义气，而不识大体，参与逆乱，挑起战端，破坏了国家的安宁，成了一个悲剧的人物。对于马宝，从刘健到后来的多少史家，除了扼腕叹息之外，还能够说什么呢？

高奣映为了稳定大局，为了边疆地区的安宁，做到了大义灭亲，可是，他与马宝父子的恩怨纠缠，他自己又怎能说清楚呢？

高奣映在一系列平叛的行动中，表现了他的大智大勇，大忠大义，并且，高氏土司在滇中、滇西北一带的威望和影响，也发挥了重要的作用。在他缴械和劝降的吴周政权的将领中，在滇西北地区，有一个地方势力的代表人物李发美。正是这个李发美，由于他所处的地理位置，更由于他在当地少数民族中的实力和影响，在吴三桂称帝建立吴周政权时，一直充当与藏区达赖喇嘛之间的联络官。吴三桂叛乱，西藏的一些上层人物开始觉得有机可乘，蠢蠢欲动，酝酿一些分裂祖国的阴谋。在所有这一系列复杂的关系中，李发美的作用更是不容忽视。

吴周兵败，吴世璠退回云南，当时就交给了李发美一项使命，这就是《滇系》等史料所记载的“割维西、中甸，赂青海乞援”。乞求谁的援助，当然是西藏达赖喇嘛，而援助的条件便是一厢情愿地把云南省境内的维西、中甸，以及青海省的一些地区拱手相送，划归达赖喇嘛的属地。这项阴谋，以书信的形式传达到了李发美的手中，并且命令李发美进入西藏，与达赖喇嘛交涉，乞求他出兵相助。

这明显是一个分裂的阴谋。正当这个关键时刻，高奣映风尘仆仆而来，找到了李发美，经过耐心说服，真诚打动，就有了《滇系》等史料的以下记载：伪将军李发美向高奣映出示了伪吴周政权吴世璠写给达赖喇嘛的书信，并且宣布丽江、鹤庆两府归顺朝廷。一场阴毒的阴谋活动，至此而灰飞烟灭。

试想倘若高奣映不及时赶到的话，那么，李发美真的找到达赖喇嘛交涉“乞援”一事，其所带来的严重后果，又将是多么可怕。起码，一旦一些别有用心的人介入，云南境内的战事，又会出现更为复杂的局面。

《滇系》还云：“文为高土司所截，滇破而师不至。高即雪君，名奣映。”

吴世璠致达赖喇嘛的信件因为李发美的缘故而为高奣映所截获，所以，直到云南全境平定，藏区的援兵也没有到来。这种情势，进展得如此顺利，高奣映的功劳，是不言而喻的。在《滇系》中，高奣映受到了应有称颂和推崇，这当然是以事实说话。雪君先生的声名在这场平定叛乱中，可谓享誉全滇。

吴周政权欲与西藏达赖喇嘛一场分疆裂土的交易破灭了。高奣映在制止这场阴谋之中出色的表现传到北京以后，引起了康熙皇帝的注意。朝廷紧急下令，云南和西藏两地军政大员要对此采取一些相应的边疆措施。这位圣明的皇帝知道，这件事情一闹大，所涉及的绝不仅仅是西藏和云南两地，边疆之事无小事。

《清实录·圣祖实录》详细记载了这一件事——康熙二十一年九月己未（1682年10月15日），朝廷上，各议政大臣参与的一次重要的会议。

> 绥远将军云贵总督蔡毓荣疏言：中甸在金沙江外，旧系丽江土府所辖，从未安兵设汛。自吴逆谋反，将地方割与蒙番，为交好计，通商互市。今互市虽经禁止，而蒙番所设喇嘛营官尚未撤回，欲议设兵拨防，必驱其人复其地而后可。据土府木尧议称：愿驱土人进藏，致书达赖喇嘛，宣示皇上德威，说令归还原地，且借此之间，寝彼番目前之狡谋，备我师进取之实际。应如所请，遣土人宣示，令归还中甸地方，再行奏闻。康熙帝很赞同这样的主张。御批曰："从之。"

这段记载说明了什么呢？起码，高奣映从李发美处所截获的信件，直接关系到中国的统一问题，直接关系到引起康熙皇帝关注和重视的民族分裂问题。说白了，就是吴三桂叛军在穷途末路之际，不惜以挑起民族分裂为条件，换取达赖喇嘛出兵相助，其险恶用心，昭然若揭。可以想象，当高奣映看到这封令他震惊万分的信时，是一种什么样的心情。他的国家观念，他的大局意识，在这样的时刻，得以更加充分地体现出来。

按照蔡毓荣的奏疏：在金沙江之外的中甸地区，

作为云南省境内的藏区，一直由丽江府管辖，从来没有在此驻兵设防。可是吴三桂造反以后，擅自把这个地区分割出云南省，交由达赖喇嘛政权管辖。当然，这一地区的人民从来都是互相交好、互市互利的。后来，因为战乱挑起的争端，互市禁止了，但是，达赖喇嘛所派遣的兵营还在，还面临着一触即发的危机。所以云南方面要呈请撤去喇嘛兵营，要在这里驻兵设防。因此，丽江木氏土司也请求批准他派人进藏，上书达赖喇嘛，向他宣扬朝廷的德威，然后再采取相应的措施，保证中甸仍由云南省所辖，保持藏区之间人民继续互市互利，互通友好。对于这番建议，康熙皇帝大笔一挥，重重地写了“从之”二字。

这又是多么值得歌颂的一幕啊！君臣一体，共同维护了祖国的统一，共同维护了民族团结和边疆安宁。吴三桂的险恶用心和阴险图谋，至此而落空了。当然，这一功劳并没有完全算在高奣映的身上，但是，他的良苦用心，他为边疆稳定的四处奔劳，是显而易见的。丽江木氏土司是他外公的老家，现任土司是他的亲舅舅，他们一起为了平乱所做的一切，历史不会忘记。

义薄云天

在整个云南境内的平乱中，高奣映不知跑了多少崎岖山路，冒了多少风险，说到居功至伟，他当之无愧，但是，这又能如何呢？很多事情他虽然身不由己，但毕竟曾经由吴三桂委派，以按察使一职“分巡川东”。这笔账从朝廷到云南督抚衙门，都不可能轻易抹去。虽然提督云南的桑额是一位正直的人，欣赏高奣映的才华和品德，而且格外看重云南的安定。但是，康熙皇帝对吴三桂之乱的深恶痛绝，使得即使像高奣映这样识大局、行大义，并且功勋卓著的民族领袖，也不可能不惴惴不安。

在接下来的时间里，正如《滇系》所记载，桑额秉云南军政大权，对于高奣映和其他几十位土司，“各照伪衔换给印信札符”。不但如此，他还保举高奣映受了四品衔的布政使司参政道一职。

所有这些，并不都是高奣映感到最为欣慰的。几年的动荡，长时间的奔波，才三十岁出头的他，已经感到身心俱疲了。然而，他却欣喜地看到，“三藩之乱”平定以后，朝廷尽力让云南百姓休养生息，恢复生产，尽力安定民心，稳定边疆。一时间，云南的政治经济形势大为改观。云南军政当局变卖了吴三桂霸占的田畴庄院，招抚各地逃亡的难民，安置兵丁亲属，组织他们垦荒耕种，同时，还颁布政策，允许私家自行开矿。各族人民的生活有了着落，官府的税源也有了保证。几年时间，云南境内又是一片升平景象。

高奣映笑了，笑得那么平静，那么坦然。祖国统一，家乡繁荣，这是他一生的理想。到了这样的时候，他才想到他更是一名读书人，一名在知识的海洋里实现自己人生理想的人，一名在著书立说中维护家族名誉延续高氏香火的人。每念及此，他的平静和坦然，便格外显得真实了。

这一理念，从小就渗透在高奣映的血液中。他很敬畏也很崇拜父亲。他父亲和他的历代祖先一样，都有着文治武功的勋绩，但是，他们骨子里面，却是读书人，是封建士大夫的形象。高耀明知不可而为之，愚忠明王朝，紧随永历帝，最后又一走了之，出家当了和尚，这难道不是书生意气使然吗？土司的身份，书生的精神，所以，即使受到挟持，他不愿也没有为虎作伥。

修复后的高雪君祠

释同揆，一代名士，俗姓文，名果，号园公，长洲人，是桑额帐下的高级幕僚，也是桑额的亲密朋友。在这一期间，他对高奣映投入了更多的关注，他欣赏高奣映的才华，更嘉许高奣映的为人。后来，他写了一部《洱海丛谈》，多处提到了高奣映与云南最高军事长官桑额的相交和相知。他说："姚安高雪君，桑公极喜其好善，为余说高氏事迹……"

桑额"说高氏事迹"，说些什么呢？说高奣映的"好善"，那是当然之事。此外，恐怕说得更多的还是认为这位年轻的世袭土司，是一个人才，是能够为国家出大力气的人才。当桑额说诸如此类话题的时候，其真诚之心，喜悦之情，溢于言表。因为，他也是一位干才，是一位战功卓著的栋梁之材。他与高奣映，还真有点惺惺相惜的意味呢！

据《清史稿·列传》第二十三条记载，这位知遇高奣映的桑额，是汉军镶蓝旗人，康熙十二年（1673），官授云南提督。就在他的赴任途中，碰上了吴三桂的叛乱发生。云南是吴三桂的老巢，云南提督自然要直接对付吴三桂。朝廷一道圣旨，桑额改任湖广提督，直接在正面主战场与吴三桂叛军作战。军威显赫、战功卓著的桑额，自然成了吴三桂叛军的死对头和克星。像这样一位英雄，他与高奣映的相遇相知，也就成了云南历史上的一段佳话。

释同揆《洱海丛谈》中，对桑额与高奣映的交往，写得很多、很详细，这位曾以文章名重一时的桑额的高级幕僚，后来在大理出家了。由于他的出家，云南佛教史上，又多了一位法号"同揆"或"轮庵"的名僧。自然，到了佛寺，做了僧人，他的出名还是因为他的诗文，因为他在《洱海丛谈》中所记载的云南历史上的那段往事。

高奣映作为大理国旧臣之后，作为丽江木氏土司的外孙和外甥，他对过世的外公，对木增这样一位著名诗人，以及对和他一样承袭土司世职的舅舅，是倾注了一生感情的。所以，他无论平时还是战时，都频频去大理和丽江，诸如招降李发美等大事，他都是费了心血，甚至冒着生命危险的；当然，更多的时候他是去探幽访胜。他与释同揆后来的交往，也大多出于这样的原因。他往往是以一个后生的姿态，去拜访这位前辈文人的。

高雪君祠说明碑

释同揆半路出家，是迷恋大理的山水风光，还是自觉与佛有缘，真要去潜心修行，不得而知。但在他很多赞美性的文字当中，高奣映身上出现的“投诚”字眼，还是依稀可见。作为挚友的同揆还如此认为，那么，高奣映当时似乎春风得意实际如履薄冰的处境，就可想而知了。

高奣映在击败马宝的战斗中厥功至伟，又是他招降了马宝，可到后来，降服了的马宝仍免不了凌迟处死。而在朝廷的心目中，他与马宝，曾经一位是封疆大吏的左右臂膀，一位是家世显赫的世袭土司，他们虽然年纪差别很大，但他们两家之间的关系，却是有目共睹的。于是，在平定了云南全省之后，有司开始了大约两年时间的“清查逆党”活动。

不知道这次清查是怎么开始，又是怎么结束的。就在这次清查活动中，马宝生前担心的事情还是出现了，他所托付给桑额的儿子马自援，还是被捕锒铛入狱了。

马自援是马宝的次子，字槃什，当时在云南省，他们父子两个就文的一面来说是非常有名的。《酉阳杂记》卷三上是这样写的：马槃什作为一代才子，他的父亲名宝，字成璧。这可是一位奇人啊！他少年之时是一个盗贼，没有上过学，但是，他却无师自通，历史上所有朝代的是非成败，他都了如指掌，都能脱口而出。他还写了《见闻录》多册。他是明末清初的过来人，他将所亲历的事情，口授出来，书吏录而成书，很有价值。

试想，像这样一位奇才，倘若不以江湖义气随吴三桂叛乱，倘若能做太平盛世的将军，那又当为云南文坛，平添多少色彩啊！难怪，同样作为大才子的高奣映，当时要与这样一种奇人父子攀上关系了。

马自援生在将军府中，属于高奣映一代的人物。他自幼天资聪慧，酷爱读书，尤其对于传统的音韵之学，最为上心，也最为精通。《广阳杂记》称赞他（译文）：

玉树临风，温文儒雅，似乎没有什么师授，自己研究揣摩，悟出传统《等韵》字母的很多问题，便创改了新韵……云南贵州平定以后，桀什也被连累杀害了。《广陵散》于今绝了。

当然，后来由于高奣映的缘故，被誉为《广陵散》的《马氏等音》并没有绝。

马自援被捕下狱那一夜，高奣映做了一个很奇怪的梦，他梦见马宝在空中只露出一张看不清真切面容的脸，在向他冷笑；层云涌来，马宝的面容不见了。倏忽之间，马自援向他招手，转眼之间又变成一个婴儿，手摇脚动，呱呱哭闹……

马自援在朝廷的判决未到之前，在狱中度过了几年光景，他的《等音》一书，便是在狱中完成的。若干年以后，高奣映拿到了这份遗稿，他在结璘山中，在著述和讲学的生涯中，仔细地整理了马自援关于音韵学方面的成果。在这期间，他深为马氏的才华和创见所折服。作为一代名家，他懂得这些研究成果的价值，所以，他尽可能向省内推荐。终于有一天，云南提学王之枢专门致函，要他整理马自援遗著，要他把这一学术成果向全国推出。

高奣映带着浓厚的感情色彩，经过了数年的努力，把《马氏等音》和《林子声位》合而汇之，纂成大作，写了一篇精湛的序言，付之刊印。可惜，这部重要的著作，现在仅有民国《姚安县志》存目和高奣映的序言，正应了《广阳杂记》所言“《广陵散》于今绝也”的感叹。

高映厚书法残片

高奣映娶夫人金氏，生有六子，长子映厚，与他依祖制父子联名，后来又承袭了土司世职，其余五子依序为曦驭、曦燕、达道、和栋、曦鸾。正是由于儿女的亲事，又一桩麻烦惹上了他身。也许，这一件事直接影响了他对后来命运的抉择。当然，这时他已退隐了。

倪蜕《云南事略》记载：康熙二十四年（1685），云南总督王继文上奏，说姚安府土府同知高映厚弟曦燕的妻子，是逆贼陈思相的女儿，他们已经有了儿女，把他们夫妻儿女拆散分开，实在太残酷了，可以让他们团聚了。于是，奉准让高氏一脉家属子孙统统团聚，不再牵连了。高氏土司衙门，高氏一家府宅，似乎可以慢慢尽享太平了。

高奣映才三十八岁，就已经儿孙满堂，可是，他二儿媳妇是“逆属”，曾经受到株连，并且按当时情形，受到株连的还有其他的亲属，可以想象到，他曾经历了一个多么严峻的形势啊！无怪乎，顺应潮流的高奇映，在建立了一系列平乱功勋之后，在他的政治军事才能一下子为人所惊叹的情势下，还那么郁郁不安，那么心灰意懒……

这一段历史记忆，真是剪不断，理还乱！

结璘书香

“著书尤喜在名山”，也许，更多的是山因人而名。

归隐治学

近代滇境名人袁嘉谷先生曾说姚安“古大而今小”，当是实情，当是指行政区划而言。高氏土司的领地，在宋元明至清初数百年时间里，纵贯姚安、大姚，延至金沙江南岸。在这一片广泛的区域，有很多风景名胜，自古以来，为各地的文人墨客所称颂，如高奣映父亲晚年所居的昙华山，冬春之交，山花烂漫，马缨似火，留下了很多名人的墨迹。再如属于高氏领地的龙山，雄奇的自然景观，与以佛教文化为主要特色的人文景观交相辉映，形成了更加诱人的风景线，令多少游历至此的著名官绅和文人墨客流连忘返。明永历年间任姚安知府的李赞，曾写下了著名的游记《龙山说》，至今仍脍炙人口。在大姚与姚安两县交界之处，在光禄古镇的北面，有一座结璘山，绿荫掩映，溪水纵横，好一处世外桃源。对领地内这样一片名景胜地，高奣映钟情已久了。

康熙皇帝在平定了“三藩之乱”以后，对全国知识界人士采取了安抚政策，以一种远大的战略眼光和宽宏的政治胸怀，恩威并施，大大加强了中央的集权统治。大一统的帝国，至此而更加强盛了。

在康熙安抚政策的实施过程中，有两位当代名儒，他们曾组织了大量的反清活动，尽管这些活动屡遭失败，但他们反清的意志却是始终如一的坚强。这两位名

结璘山

儒，便是顾炎武与黄宗羲。

后来，当由云龙先生纂修《姚安县志》论及高奣映，曾从思想境界和学术成就的角度，把他与黄宗羲和顾炎武等人相提并论，说他："凡经史子集，宋元以来先儒学说，与夫诗、古文辞、佛藏、内典，皆能窥其底蕴而各有心得……皆能扫前人支离，自辟精义，并于先儒偏驳处时加救正。故清季北平名流有谓：清初诸儒，应以顾、黄、王、颜、高五氏并列，非过论也。"

这的确是一个惊世骇俗之论。顾炎武、黄宗羲、王夫之、颜元等人，是中国思想史和学术史上一流的大师，而高奣映则能跻身于其中，这样的历史定位，自是非同凡响。当然，这只是古人的意见，只是启发我们重新认识高奣映的一种根由、一种视野。对于这位土司的认识，对其历史地位的认定，还需要我们去做更多的发掘和探研。

在康熙皇帝的眼里，作为边疆民族地区的土司高奣映，与作为江南一带知识分子精神领袖的顾炎武、黄宗羲等人是不同的。这种不同，除了他们的辈分（顾黄等人与高奣映父亲高耀同辈）以外，更多的，恐怕还是他们对清朝这样的“异族”认同感不一样罢了。朝廷对他们都曾有过旨意。康熙皇帝一再征召顾炎武应试博学鸿儒参与修纂明史，征召黄宗羲入朝并委以重用，但都遭拒。即使这样，康熙对他们除此以外并没有横加迫害。而对于高奣映，以世袭用土府同知职加任布政使司参政道，可谓恩宠有加了。但是，此时的高奣映，却是心灰意冷，对政治生涯完全失去了兴趣。

有一次，高奣映清早起来，带了一个仆人，走了几十里的山路，到昙华山拜见了父亲。两代土司，一个遁入空门却又不忘家族荣誉的名僧，一个经历了吴三桂叛乱能够保全并且立下了卓著功勋的少壮才子，父子二人，交谈了整整一个下午，又在禅房待了一宿。第二天一早，高奣映容光焕发，回到了府衙，交代了一些公务上的事，就匆匆回到住处，召集子女，说了一大通激励性的话，叙述了历史上几位有名的先祖，说他们如何造福一方而为人们所尊重以后，就吃了点东西，蒙头大睡了。

几天以后，高奣映对自己的命运做出了一个大胆的选择，他要把世职托付给长子高映厚，而自己决定退出土司衙门，隐居结璘山。

高奣映僻处边疆，所读之书皆是刻意搜求，历经多少辗转，费尽周折罗致而来的。在他的不懈努力下，几乎将中国所有的经典文献，都认真地阅读和钻研过了，唯独对顾炎武、黄宗羲、王夫之等人的著作，所知甚少。这也许因为，他们生活的年代相近，由于路途阻隔和战乱频起，这些大师们的著作，较少流传到滇地。可是，年龄要小得多的高奣映，在历经了太多的奔波动荡之后，在晚年与他们殊途同归，走上了一条读书与著述之路。兼济天下不成，退而独善其身，成为滇中地区的一位乡贤、一代名儒。

高奣映选择了一条学问之道，选择了一个追求精神境界和精神创造的“成名”之道，圆了他幼时的梦想，也为云南的土司在追求知识的道路上，开创了一个奇迹。累累著述，煌煌大家，由此而为历史留下了厚重的一笔。

高氏家族历代传人尤其看重古代圣贤所说的立德、立功、立言。“立德”是做人的根本，高奣映丝毫不曾懈怠。“立功”也是他少壮之时所致力于的一种追求，一种光宗耀祖、造福一方的努力目标。可是，历经了吴三桂叛乱以后，“立功”对于他来说，实在太违心太艰难了。唯有“立言”，更是他的志趣所在，是他在当时所能够做得最好的“诗书传家”的宏图伟业。

就在他决定归隐的那段时间里，康熙二十二年（1683），朝廷派兵部侍郎纳库专门到云南“查叙土司”。查叙什么呢？据《滇云历年传》所载，主要是朝廷对云南土司的武装和田亩所进行的一次清查。这次“查叙”，仅仅是一种核计，一种普查，但是，其意图是不言而喻的，那就是朝廷不能允许土司这样一种地方势力壮大下去了，要“改土归流”，强化中央的集权统治。据说，这次高氏土司首当其冲地成为“查叙”对象。高奣映在查叙专员面前，表现得特别配合，毫无保留地把家底和盘托出。

当专员走后，高奣映呆呆站立许久，他似乎看到了土司制度的末日。

很多史料记载高奣映退隐的时间是康熙十六年（1677），实际是不准确的。这一年，他刚满三十岁，还在川东按察使的任上，属于他谋求“托疾挂冠”，摆脱吴三桂的那段时间。康熙甲子（康熙二十三年，1684年），朝廷批准了高奣映的请求，准允他长子承袭世职。一方面，鉴于他的政治才能，鉴于他在两姚地区的威望，给予他很大的荣誉，大有提拔重用之意，另一方面，很快地批准了他致仕的请求，准许他退隐，这到底意味着什么呢？

也许，这件事只有高奣映自己心里清楚，他知道，绝不是因为“三藩之乱”的牵连，朝廷才对他如此这般态度的，而是因为“改土归流”政策的实施，土司制度也会慢慢地成为历史了。此时此刻，他对自己的前途不太担忧，更不会因为有了对土司世职的危机感，而刻意躲避，刻意把这一块烫手的山芋，传给自己的长子。他谙熟中国的历史，也深知历史发展的规律，否则的话，在明清交替、三藩之乱中，他也不会做出种种明智而顺应潮流的

高翕映手迹石刻

选择。儿孙自有儿孙福。他决定归隐的动机，主要还是从内心深处，想在自己的有生之年，在中国传统文化的海洋中，来一番精神上的“逍遥游”。

也许，这更能体现他的人生价值。

朝廷很快地批准了他的请求，并且机缘巧合，在他正式获准致仕退隐的同时，承袭土司世职的长子高映厚，为他添了一个孙子。是年，他三十七岁。

当此之时，高翕映思绪万千，他首先想到的，是他们这个家族几百年的荣耀，是列位祖先在云岭大地叱咤风云的丰功伟绩，但这一切，都成为过去，个人英雄的时代，起码对于高氏家族来说，似乎已经告一段落了。他以后的高氏子孙，怎样才能做一个对社会、对国家、对家乡有用和有益的人呢？怎样才能不给祖宗的脸上抹黑，继续把家族的荣耀延续下去呢？

接连几天，高奣映思绪万千。夜已深了，他难以入睡，酒已醉了，他仍令人倒上。适时隐退，对于他来说，是一种超脱，但植根于他的内心深处的担忧，又何尝不时隐时现呢？很多时候，酒已醉，愁未已。在这期间，他即兴挥毫，写下了很多情绪深远的辞章，但他仍然觉得意犹未尽。直到有一天，一夜未曾入眠的他，清早起来，研墨铺纸，大笔一挥，写下了“训子语”三字，接下来，便是思如泉涌，一篇传世之作，即刻诞生了。

他说：我们高家，本是圣贤的后裔，祖先们最高的职务不过是一方大员，但基业从秦汉时期就开始了。一代代子孙能够延续家族的事业，不断发扬光大，是什么原因呢？那就是以德为本，兴仁义教化，为自己、为他人、为一方进而为国家多做些有益的事情……

这样一种价值观念，贯穿了高氏家族特别是宋元以来几百年民族领袖和土司世职的始终，他要求子孙们无论前途如何，都要把这一宝贵的祖业发扬下去。

《训子语》写好之后，他终于心安了许多。在一个天高云淡、艳阳高照的初秋之日，他在结璘山安了家，并亲笔题写了“结璘山馆”四个苍劲的大字。

奇才鸿儒

姚安坝子绵延数十里，属于滇中有名的鱼米之乡。结璘山位于姚安坝子的西北方向，距离县城约五十里地。这里是坝子与横断山余脉群山的接合部，山势蜿蜒起伏。在三百多年以前，结璘山一带森林茂密，景色清幽，自成佳境。古姚州历史上有名的“结璘烟霞”景观，指的便是此处。

高奣映晚年独爱烟霞，写了诸多与烟霞有关的诗文，特别是他所留下的一座仙风道骨、饮露餐霞的铜塑像，使人想到了远古的高士，想到了古代文人志士向往的仙家道友。高奣映选择结璘山为自己的归隐之地，所看重的除了此处是他家的领地，更大的原因应该还是这里的山林和烟霞。

高奣映来到结璘山之后，每每登高远望，都会被松涛云海、烟霞变幻的景致所陶醉。可以想象，谙熟古代名篇佳作的高奣映，此时此刻，必然觉得这番情景，比之于早年陶渊明的那种“采菊东篱下，悠然见南山”的南国田园风光，自有一番典型的高原特色。然而，此时的高公已非昔日的陶令，比之于高奣映的境遇，已是“陶令不知何处去”，只能平添一段思古之悠情罢了。

结璘山并非一片世外桃源，高奣映在此隐居，仅只是一种对于政治生涯的淡化和回避，而非真正的避世。他把整个心思用于他所热衷的学业，以及对家乡社会事业的关心和扶持。作为一代世家的传承者，他俨然是一位乡绅，一位受到后人赞之誉之的乡贤。优雅的自然环境，不但没有使高奣映把自己与社会割开，反而增进了他与社会各个方面的天然联系。他觉得自己生活得更加充实更加自在了。大自然给结磷山注入了无限的生机和活力，景色秀丽的结璘山向世人所展示的魅力就在一个“静”字。多年奔波劳碌于政治舞台之上的高奣映，所要寻求的也正在于一个“静”字。静不但可以成就学业，而且可以陶冶情操，养生怡性，而所有这些，都是在政治舞台之上有“劳累”之感的高奣映所迫切需要的。

据近人甘雨所撰《姚州志》记载：“结璘山，为高奣映著书之所，旧有林、园、台、榭、摩崖、碑铭。”这就足以证明，由于一代土官高奣映归隐于此，给结璘山带来了一派新的景象，让原始的自然景观增添了丰赡的人文色彩。作为具有显赫家世、富甲一方的高奣映，按照个人的情趣，亲自构思设计，顺其自然而又不乏人为的痕迹，把结璘山改造成为他的新居所。他在山前盖了一座山馆，自称通志堂。山馆依山而起，依次是山门楼，进而过

高奣映创建的结璘山学馆遗迹

厅、两厢、两庑，进而馆舍、楼堂。在这一建筑主体的周围，各依地势建起了一些亭阁、台榭。高奣映拥有这么一个建筑群落，是与他的“隐士”身份不相吻合的，但这只是形式方面的问题。高奣映之所以如此，可能与他仍不乏进取的精神相一致——从政治舞台退了下去，不但占尽了一方风水，而且尽可能拥有这里的一切，这才意味着神清气爽、扬眉吐气呢!

延绵了多少年的滇中世家，果然有一番不同凡响的气派。

高奣映不但以其雄厚的实力和非凡的气魄拥有了结璘山的风水，而且还把主观意志和感情色彩体现到了各种建筑的设计和名谓上。他不但以通志堂命名这座山馆，表达他的情趣依然、志向未改，而且还为这座建筑的各个部分起了一些甚为雅致的名称，比如醉翁楼、慎独楼、揖升楼、亭西堂、声鹤亭、慧香阁、懿文馆。所有这些名称，都是高奣映陶醉于自己的家园之中，一时步履所及，兴之所至而名之的，所以更加真实地从各个方面体现了他的情趣。高奣映自“托疾挂冠”以来，以酒为伴，每每豪饮不休，更兼他素来钦佩欧阳文忠公的功业和文章，故有“醉翁”之楼。高氏家族家教森严，为历代继承人所格外倚重，并且贯穿于其中的是儒家的“修、齐、治、平”思想和伦理道德观念。故有“慎独”之楼。同时，整个人生都贯穿了儒家思想并曾为之奋斗不息的高奣映，对道家更是情有独钟，他钟情于结璘山的生活情趣，很自然也很集中地体现了道家思想的一面，故有“声鹤”之亭。不唯如此，退隐结璘山以后，他自豪地以“结璘山叟”自居，更加明显地反映了至少在生活情趣方面“由儒入道”了。

高奣映身处山馆，尽享结璘山风光，不禁诗意盎然，兴之所至，到处留下他的墨迹。其中一副对联曰：

敦品不嫌居陋巷；著书尤喜在名山。

地处边远山区的结璘山区，因为高奣映的隐居，而成为一方名胜，更因为高奣映作为一代名儒于此设馆授学，一时滇、黔、川向学之人云集。这其中，有他的文友，有慕名而来的各方贤达，更有不辞艰辛千里跋涉而来的莘莘学子。据民国《姚安县志》等史料所载，在此期间高奣映所收纳的学生前后达数百人次，其中“登乡荐者”四十七人，而跃龙门中进士者，竟有二十二人之多，可谓名师之下，人才辈出。

高奣映学问融会贯通，他不但传授知识，更注重育人。他晚年所作《迪孙》一书，便是融合了传统的史学、文学、经学等方面的精髓，自成一体，用随笔小品的形式表达出来，文笔精美，寓意深刻。他写此书，本意在于教育儿孙。所谓“迪”，启迪教诲之意也。可就这样一部十余万字的作品，却凝聚了他一生读书心得的最精华部分，深刻精湛，意趣悠远。曾有学者研究评价，认为高奣映的《迪孙》，比起南北朝时期颜之推的《颜氏家训》，在文笔精美和学术造诣方面，有过之而无不及。

就在这部精美深湛的著述中，高奣映列入“门人”的，就有后来在不同领域有所建树，有所成就的程春翔、李镜、李铭、杨兆昕、曾学祖、谢俨、杨光睽、李春揆、李朴等人。

门徒之后，还有“门孙”。想必这些“门孙”都能够青出于蓝而光耀高氏门庭吧，所以他们能够进入高奣映的法眼，并为他所书写在册以志永远。被高奣映列入“门孙”的，计有李正品、张藻监、张懿、万宥、罗允裕、偰启佑等人。

高奣映后来重游大理古城，遍访名贤旧友，回到结璘山之后，将其所作诗词结集付梓，这便是著名的《妙香国草》的由来。在这部诗集中，他列入门人的有愉广文、施瀛仙、李宝箴、李铭、罗天桎、徐维季、冉容智、张凌汉、张怀及、施楷等人。

高奣映的这些弟子和门孙，他们与这位名儒薪火相传，大多为云贵川地区的文化教育做出了贡献。例如，李镜在致仕以后，曾修纂《楚雄府志》。高奣映教书育人的愿望，不但一步一步得以实现，而且在滇中，在云南甚至在更远的地区，一步一步发扬光大。这是一种旷世伟业，更是一种精神上的追求和体现。边疆民族地区，正因为在历史上有了这样一代又一代仁人志士的不懈努力，才有了底蕴深厚的文化财富留存于世。

高奣映的《妙香国草》原作现为云南省图书馆所珍藏，与此齐名并得以留传的，是《结璘山草》。此外，据《云南通志》《续云南通志》等史料记载，高奣映在文学方面的作品很多，其中诗词除了留存于世的《妙香国草》《结璘山草》以外，还有《非非草》一卷、《索居集》一卷、《梅村集》二卷、《菩提树词集》一卷，以及《蜀江吟》《春雪吟》《五华吟》《亭西堂草》《问香集》《笔余诗集》《嚣嚣草》《慧香阁诗丽》等十五种；游记散文有《雪山游事》《蜀风采》《醉翁楼记》等三种；诗文杂论有《诗苑》《艺瀚》《西厢读书解》《西厢文字解》等四种。此外，一大批散文和随笔的选集，如《声鹤亭稿》《如意珠》《登楼畅言》《知非集》《备斋闲话》《慎独楼静言》《环玉楼送客高谈》《醉翁楼醉语》《揖升楼壮语》《仪偶》《四雅求》《懿文馆课艺》《备翰》四卷等。可惜，他的大部分作品都已散佚，所以各种史料只能遗憾地以"存目"二字了而志之，哀之叹之。倘若高奣映九泉之下有知，也只能"报恨"一番了。

如此丰富的文学作品，似乎表明，高奣映是一位高产的诗人，是一位艺压群雄的文学大家。这一点是不错的。文学渊源，对于他来说，是不容置疑的。云南近代学者师范先生曾说："（云南）土司之向学者，首推丽江木氏，公、青、增俱有诗集流播中外。"木公、木青、木增三大纳西族诗人，其中木增作为高奣映的外公，他的诗名较之木公、木青来说，更有出乎其上之意。但是，所有这些，对于高奣映来说，仅仅是一种家学渊源而已。师范先生在对公、青、增的诗名和文章作了一番比较和称颂之后，还说："姚安高氏有字雪君名奣映者，雄才卓识，博综典籍，所著录十余种，直出三木之上。"

仅仅文学创作方面，高奣映便已"直出"曾经声名大炽的"三木"之上，何况，高奣映绝不仅仅是一位诗人、一位文学大家。

由云龙先生在民国《姚安县志》中，把高奣映定位为"名儒"，定位为能与顾炎武、黄宗羲、王夫之等人齐名的大儒。虽然更多的时候为后人所忽视，其发掘研究的工作远远没有跟上，但起码表明，高奣映在学术文化方面的建树，是多方面的，文学创作仅仅是其中之一。之所以列举出他的这些文学作品，只不过便于了解他一时的情志罢了。

高奣映"分巡川东"，所见所闻皆令他触景生情，如《蜀江吟》所收《竹枝词》，其清丽脱俗之态，跃然纸上。而几近于托物言志的《牡丹词》八首，更是脍炙人口——

其一

人间富贵艳人间，不似花王只当闲；
十雨十风休怨妒，春光亘古了难删。

其二

丁香打结簇球斜，玛瑙倾盘玉碾花；

系马欲知年岁旧，酒逢人自说桑麻。

其三

鸦盘水髻弄轻施，敢乞天香助妙姿；
计已无聊还计计，无端宝靥累金丝。

其四

好花说看半开时，独到牡丹艳最迟；
十分香底十分色，诗人千古可曾知？

其五

侬在山中花在山，花开与侬一般闲，
国色莫嫌山色陋，沉香亭已挂烟鬟。

高奣映牡丹诗意图。何昆义画

其六

蝴蝶游蜂尽世情，天香风冷少知名；
静开市月无吵闹，但许骚人弄墨兵。

其七

桃奴李婢远山隈，卫氏夫人月作台；
书罢几番临镜绣，人耶花是此低回。

其八

好春容易掷残花，看到子孙有几家？
汉蜡尚传旌花在，休将羯鼓急为挝。

高贵的牡丹，自有一番国色天香的艳丽，但由此而为群芳所妒，也是难免的。比物拟人，高奣映显赫的家世，出众的才华，不也是一种遭人猜妒的根由吗？他的政治命运，以及世袭土司的式微，除了历史发展的种种必然之外，难道就没有庸才作难、小人作祟的因素。自古才人多命薄，这是中国最大的不幸。所以，高奣映对“一腔忠愤”的屈原，其“致无术弭谗贼之口，卒置身于汨罗江中”的命运，发出了更多的感叹和愤慨。这不正是他在人格方面的体现吗？

作为一代名儒，高奣映在哲学、理学、历史、佛学等方面的建树，是最受后来诸多名家称颂的。《姚安县志》称他一生著述“八一种”之多，并列出了存书和存目，仅凭这一点，他作为著作等身的大家，是值得后人进一步发掘和研究的。现在云南省图书馆关于他的藏书，除《妙香国草》外，还有《太极明辩》三卷、《鸡足山志》十三卷、《迪孙》二卷、《金刚慧解》九卷、《滇鉴》等涉及史学、佛学、哲学方面的著作。

高奣映在《太极明辩》中开卷就说：无论做学问，还是做人，都要"不为物欲混，不为事理障"。

也许，这正是他学术思想的价值所在。

在佛教盛行的滇中地区，在他的老家光禄古镇，在光禄古镇的府邸衙中，有许多善男信女，包括他的母亲，天天都在礼佛念经，其心之诚，其志之坚，那是不用说的。至于他那出家以后成为一代高僧的父亲，其于佛学的造诣，更是青史有名。但是，所有这一切，虽然真心，却未必觉悟。故而，他作《金刚慧解》九卷，其最大的功劳，便是把"诸佛诸菩萨"与凡人拉得更近了。他的原话是那么直白，不妨节录一下：

> 善世间人，都有佛性。这个善念，不特好人有，就是恶人亦是有的。因他不知"四大假合"，看得身子太真，就有了"我"。这个"我"字，害人不浅，一切境遇得失，分别我的、人的，便起贪心争执，作诸罪业。如此把"我"一个身子，向这人生嗔，向那人生恨，就是死在头上，也不觉不知昼夜思想，熬煎不歇。

所以心上添起无穷无尽的念头，想到千年万年不死，方才称意。这些心，原是从“人我”两字上起的，但“人我”两字，最难勘破。

而这“人我”两字，高奣映又何尝勘破呢？他终生背着振兴家业的历史包袱，在中年时期于功名二字绝缘以后，仍致力于完善自我的道德人格形象，为子孙后代的成长费尽心思。这一切，何尝不是与佛性有碍的“人执我执”呢？不过，高奣映理所当然地要承负起家族、家人所要求他的一切，由此而理所当然地不能免俗，然而，高奣映心灵毕竟是自由的，他对于佛旨的这一层理解，表明了他同时所致力于追求的精神境界，毕竟是“超凡脱俗”的。这种净洁明澈的空谷足音，与他所处的喧嚣尘世形成了鲜明的对照。

高奣映在结璘山潜心学问，设馆授学期间，很多省内外的名人大家，他们或专程，或顺路，来拜访这位充满传奇色彩的大才子。他们之间的交往，没有任何巴结和奉承，更不是相互之间不知天高地厚的吹捧，完全是一种挚友、师生之间的文字之交和文心之交。结璘山不是世外桃源，更像一块文化高地。就在那个时候，慕名而来乘兴而去的师友、弟子，前来见其人、拜其人，更是颂其德。这些人当中，有请高奣映为其选编《晚春堂集》的呈贡名士文化远，有以翰林院侍讲提云南学政的王之枢，有张萃、龚懋勋、武柳，自然还有后来被处死的马自援，以及轮庵法师。

轮庵便是文果，即释同揆。他的《洱海丛谈》是一部奇书，书中所记奇人奇事，高奣映占了主要位置。他与高奣映平辈论交，结为挚友，并几次到结璘山与高奣映相处。据高奣映《妙香国草》所述，他几次去大理，或专程，或偶然与轮庵相逢相遇，两人曾约好建一座"写韵楼"，以纪念杨升庵、李元阳两位前辈文人。可惜，就在一切都顺利进行的时候，轮庵上人便猝然去世，以至于这一件雅事未能完成。每念及此，高奣映惋惜不已。他曾有诗对此事叹而惜之。

这里尤值一提的是王之枢。他在任云南提学之时，礼贤下士，访名人，拜世贤，正如《洱海丛谈》中说的"搜山林之硕果，问石室之珍藏"。在他的一长串云南名人名单中，高奣映首当其冲。他不但主动与高奣映交往，而且有一次，他在访游了佛教名胜鸡足山之后，赞赏之余，大叹"鸡足之风气待开"，遂专文知会姚安知府卫淇，要他代为礼聘高奣映赴鸡足山，撰写《鸡足山志》。正是在这样的情况下，高奣映历数年之精力，在前贤范承勋等人的基础上，写就了著名的《鸡足山志》。后来，高奣映的著作《理学西铭》付梓在即，他不但亲笔题匾，以"德懋学庸"四字相赠，而且专文要云南学界精读此著，"阐明理学，求敦厚信让，以救正人心"。

高奣映对知识的追求与在精神领域的创造，赢得了一片赞美之声，而他的功德，远不止于此。

松风山韵

享誉学林的大儒，心怀桑梓的隐士。那一尊悠然自得的铜卧像，寄托了他对闲适生活的向往和声名千古的期望。

隐士乡贤集一身

遍翻明清之际的云南史料，都有关于高奣映的种种记载，都说这代土司是一位改朝换代时期的传奇人物，是一位名儒，是一位乡贤，凡此种种，足以说明他在云南历史上的重要地位。关于他的学术建树，关于他所有著作的价值，这也许是一个更大的话题，但这是一个非一代人之功所能穷尽的广阔领域，也许，这方面的努力我们才刚刚开始。

高奣映字雪君，亦字元廓，小字遐龄，别号结璘山叟，又号问米居士等等，举不胜举。仔细考查他的这些字号，可以发现，每一个都是他在特定时间特定境遇中的记号，表达了他的特殊的志趣。他通过包括取字号在内的各种表达志趣的方式是超越时代的，是传统文化的结晶，又是时代精神的再现。闻其名，而不用睹其人，完全可以发现，他更像一个仙风道骨的高士，傲啸于松风明月之间，从肢体到精神，与大自然融为一体。这一点，他确实做到了。从他隐居的结璘山，到他父亲出家的昙华山，这几十里范围，满目都是松涛滚滚，松风阵阵，清泉叮咚，溪流芳草四时八节不断变化着生命的色彩。在这一片他魂牵梦萦的土地上，他不时穿行于其间，或走或停，或歇或卧，几乎把整个身体都化入了。

在这山间林中，不但留下了他的足迹，留下了他衣袂飘飘的身影，更留下了他的诗境和文心。他父亲在昙华山主持昙华寺，这一座雄奇横亘的山峰，满山遍野，在松林与崎岖小道之间，有一片片的灌木，灌木丛中，一株株山花挺拔而起，相拥而现，一色火红。这便是彝族人民所喜爱的马缨花。马缨花是昙华山绚丽的自然风光，滚滚松涛是昙华山深幽迷人的所在。大自然赋予了一方名胜的素裹红装，山中林间的昙华寺，也占尽了满山的秀色，充溢着盈盈的灵气。

无怪乎，高奣映在归隐以后，不断地来往于结璘山与昙华山之间。父亲年迈了，他必须更多地投入时间和精力，在俯首帖耳聆听教诲的同时，让出家的父亲享受他至死都不曾忘怀的天伦之乐。每当这个时候，高奣映在与父亲离别之后，都要沿着后山走去。滚滚松涛中，山的气息、树的气息、草的气息，露的滋润，以及由山、树、草、露相融而一的泥土的感觉，不止一次地净化了高奣映的心灵，赋予他不尽的灵感和才思。

高奣映留于昙华山石壁的手迹

昙华山后山的摩崖，至今仍保留着不少高奣映的手迹。

他的书法风格，圆融、流畅、厚重、飘逸，不带一点迟滞和杂念。飘飘出世的书写风格，不正是他思想境界的最好写照吗？

柴门虽设未尝关，闲看幽禽自往还。

尺壁易求千丈石，黄金难买一身闲。

雪消晓嶂闻寒瀑，叶落秋林见远山。

古柏烟消清昼永，是非不到白云间。

每次，他徜徉在茂盛的山林和幽深的箐谷之间，陶然怡然而不知返，一种回归大自然的感受油然而生。他放松了肢体，放空了思绪，闲云野鹤一般地信步而游，傍木而栖，不时诗兴大发，便昂首挺胸，高声朗诵，顿时丛林之中，响起了一阵阵与自然环境相协调的铮然之音。这首七律，就是在这般情景中产生的。

可惜，高奣映追求出世的境界，却不可能真正做到，还有更多的事务要他打理，还有更多的向学者和求知者在等待他的指教。因为他不曾闲过，所以才刻意咏出“黄金难买一身闲”之句。这位“结璘山叟”，一旦回到他那具有浓厚的家族意识和社会使命感的结璘山馆时，马上又回到了充满无穷是非烦恼以及赏心乐事的现实当中。

是啊，尘世烦恼，而在尘世之中，却又有一番无尽的快乐。

快乐的源头在于他的“善心”，快乐的过程在于他的“善举”。

高奣映终其一生，自认为最大的“善举”是广兴教化，启迪民智。不但高奣映，中国历史上任何一位优秀人物，其种种功绩的根本，就在于文化教育，就在于民众整体素质的提高。这一点，高奣映尽力做了，他留在当地各族人民心目中的形象，就是一个智者，一个儒者，一个能够给人们带来快乐和希望的大贤。但是，除此之外，高奣映在公益事业方面所投入的精力，以及种种为民的善举也是值得大书一笔的。

高奣映自三十七岁退出政治舞台之后，就是这样一位既“飘飘有出世之意”又“朗朗有儒者之风”的贤人。

他在结璘山一带所进行的善举，既有土司世家的传统，又有不少自己的独创。归纳起来，大体以下几宗是格外醒目的：

一、医病。高奣映秉承父志，在结璘山期间，出资办了“疗俗轩”，开医药馆，为全体乡民服务。医院的医护人员多由高家供养，不以营利为目的，专门为乡民解决病痛之苦。

二、养生。出资在结璘山馆一带建盖“生产房屋”，专为乡间妇女生产之用。房屋盖得坚固避风，让产妇们安养于内，并派专人服侍。这一形式，真可谓是具有高家特点的“妇幼保健站”。贫家产妇，如家里无人调理其生活，缺少“听从司事者”，每日定量供给酒肉饭食，有病则派医生诊视，给予治疗。同时，雇用了乳母十数人，专门收养无人抚养的婴儿，这也是具有高奣映特点的“育婴堂”。

三、助婚。准备乡间婚礼所用什物两套，供贫困不能自备者租用，按所租用的数量、时间适当收取一些费用，以备用于对其不断的补充、更新。若实在贫困而出不起租金者，则酌情给予减免。更有贫困至不但出不起什物的租金，而且连办喜事的其他费用也不能自筹者，可以向高家管事说明，由管事根据实际情况，帮助羊一至两头，布一至两匹，银戒指、银耳环一至两对，以全其美。这纯系高家的资助，无须赔偿。

四、助急。主要采取民间集资办法，称之为立赊，其目的在于助人之急需，助贫困者之婚丧嫁娶，助有困难的乡民办各种好事。具体办法是以十数家为一朋，在收获季节，各户拿出一定数量的粮食（具体为三至五升），由专人保管。并选出朋长，使用时间由朋长及同朋之人相商而行。这是一种具备了滇中地域特点的互助合作组织。

五、敬老。高奣映遵从父亲的嘱咐，在结璘山与姚安城之间的旧城修敬老堂一座，后改为百老庵。庵里专门供养鳏寡孤独以及贫穷无靠的老人百名，每月每人供给米一斗二升，钱二百文，从不耽误。老人终其天年以后，即以衣、衾、棺具，埋葬于百老庵旁边的漏泽园中。

根据民国《姚安县志》所载，在此期间有一名来自广东的游方僧人，法号天伦，因贫病交加，慕名投奔结璘山高奣映处，受到高奣映的精心调养。天伦和尚不但精通武艺，而且于禅机佛理深有造诣，病好后，遂与高奣映结为莫逆之交。二人经常促膝长谈，交流对佛理的心得体会，这无疑给了高奣映对佛学研究的有益启发。

天伦法师云游中国，所到之处时有名家僧俗相约相聚，见识自然是少不了的，可是当他后来与高奣映的一番长谈，却是他云游以来最为受益的。他没有料到，在祖国的西南边疆，在姚安境内的结璘山中，竟然也有像高奣映这样的奇人。高奣映对佛藏的精深程度，以及他对世事人生的看法与感慨，很多当时所谓的名僧都难以望其项背，遑论其他。后来，高奣映在一些文稿中，写到了他与天伦法师交往的事，写到了他们所谈论话题中的禅机佛理。一个大学者，往往能从最平淡处入手，这才是学问之所以为大的根由和特征。而这个道理，腐儒们是不可理解的。

从结璘山向北，经过光禄、新庄、七街、高家铺、罗家村、白鹤、大桥、岔河、大村至大姚白盐井，这是一条历史十分悠久的古驿道。从白盐井过金沙江，自西北通往永胜、华坪、鹤庆、丽江，这里是高奣映的外公家族——丽江世族木氏土司的发祥地，也是当时木氏土司的势力范围；过金沙江后向西南，经过石羊、孔仙桥、祥云、弥渡通往大理，则是高氏家族的发源地古大理国都所在，大理城西无为寺后还有高氏祖茔。高奣映数次来往于结璘山与大理之间，走的便是这条路线。

高奣映心往大理，情系大理，并不仅仅是苍山洱海的风光使他向而往之，更主要的是这里有高家的祖坟，有历史上高家的事功。高家列祖列宗最辉煌的年代，便是大理国期间，便是高方、高智升、高升泰到元初的高泰祥们振臂一呼、应者云集的英雄业绩。此外，从结璘山北行至大桥、夏家坝、苦丫（古衙）、碧么，就到了山势险拔、景色秀丽的大姚县昙华山了。

卧像悠然显心迹

很多人说，高奣映的飘飘有出世之态，表明了他作为一个道者，一个融合儒佛道，从中得其精髓，“得意而忘形”的人，从精神追求到碌碌事功，都能够运转自如。他作为名儒，更多时候是知识界以及后人对他的认识，实际上，两姚一带的老百姓，更认为他是一位乡贤，一位造福一方的士绅。所以，更为现实的一面，有时候在他身上体现得更加充分。

高奣映是信天而不信命的，这正是儒家理性主义思想的一种体现。当时，在民间以及广大的知识分子当中，道家的神仙思想可谓深入人心。道家既要长生不老，又要极尽人间的享受，所以人人乐而向往。但是，高奣映虽然钟情道家的自然之道，并认为这是与人性相沟通的，但却不信长生不老一类的信口胡说，这本身就是违反道家的自然之道的。人的寿夭祸福，生老病死，都是一种人们所必须顺应的自然规律，并且，人们发挥主观能动性，主动地避祸趋福，养生益智，也必须顺应自然之道，方能有所收获，这与长生不老的无稽之谈完全是两码事。所以，当山中猎人捕获一元鹿，献于高奣映，并告之元鹿乃仙灵之物，食之可以长生不老时，高奣映百感交集，因作歌并序曰：

《述异记》谓：鹿，千岁而苍，又五百岁乃白，又五百岁始元耳。尝考汉成帝时，中山人得元鹿，骨膏洞黑，脯食者，寿皆两千岁。是岁丙子，猎之得鹿，毛色称焉。意寿则必灵，胡为人获？获者必寿，而寿不益吾灵，况饵之无能以益寿哉！今去汉未逾二千岁，今二千岁人安在哉？记其时，而其时为何时？以知食脯者之能二千岁哉？遂作歌以自嘲：西有西王母，其乌青色大如嵩，王母欲登从背通。东有东王公，其乘苍鹿烟空蒙，东王御之犹疾风。今之元鹿不寻常，梅花信底驭东王，云腴石酪饱何际，金芝碧草衔来香。既称灵物寿千岁，宜知出处韬其光。不谓逐于欲痴似痴龙，痴踯躅，地中九馆醉泥羊，日采毛珠遭缚束。不谓出非时，困于豫且无前知。元龟矜贵在灵壳，虽能入梦终何为？鹿兮鹿兮，嗤汝徒有寿，即活万万岁，谁能将汝救？惜哉，猎雪射蹄轻狂呼，翻庆获异兽，飞轮染鲜割腻归，积脯倒山还议瘦，举皮灯下艳青云，回鸾舞凤相纷纭。迎手黝黯灿古漆，蝉罗雾谷苍露薰，珍袭宁让麒麟锦，隐几守黑将焉文？咄嗟哉，中山食哺人，先我获元鹿，寿各二千岁，问几更寒燠？浮白大嚼适吾天，白眼睨之类长畜。虎豹犬羊革一般，铲却鸟毛霜屑熟。而乃反真曰：见夫素，抱夫朴。

这首作于康熙三十五年（1696）的著名的《猎鹿歌》，集中地体现了高奣映关于天与命的观念。这里所谓的“天”，是自然规律，是人们所难以穷尽但却不以人的意志为转移地存在和发展的茫茫造化。对于“天命”，高奣映保持相当清醒的理性主义态度，内中不乏谐趣的一连串发问，表现了他对世人迷信盲从的讥讽和暴露。然而，这个时候的高奣映，对于一切事物已经力不从心了。照理说，这时他只有四十九岁，正是处在成熟的年纪，只是生活对于他来说太冷酷无情了，迫使他一触及十分敏感的寿命问题，似乎就被一种凄凉的气氛紧紧包围。从这以后，他作为高氏家族的“道貌俨然”的尊长，对“身后”之事花费了一定的精力。比如他为自己所铸就的一尊铜像，既表现了他的内心世界，又寄托了他对于死后声名的厚望。

这是一尊用生铜铸就的卧像，现存于姚安县博物馆内。高奣映生前为自己设计的这尊卧像，别具匠心，很能说明当时承受了个人和家族事业重负的高奣映，对于“身

高奣映晚年为自己设计的铜卧像（现存姚安县博物馆）

后”另一种生活情趣的向往。铜像长170厘米，基本与正常人的身躯比例相当。像中的高奣映，身着古代儒生常见的衣履，束发椎髻，头枕在一个酒葫芦上，面略向右侧而卧，两眼齐闭，双手捂于肩际，两足自然弯曲，舒然相交呈“安”字状，显示了无尽的安逸和潇洒。形态如此逼真，不仅说明当时姚安一带的冶铜技术已经达到了相当高的水平，而且明显体现了高奣映的一番良苦用心——虽然他觉得“黄金难买一生闲”，但他终生却从未“闲”过，于是只得让这种他无限向往的“闲”和潇洒，寄托在理想之中。

铜像上，头所依枕的酒葫芦略往上翘，腰间所系布带底部，有铭文曰：

有酒不醉，醉其太和；有饭不饱，饱德潜阿。眉上不挂一丝丝愁恼，胸中无半点点烦嚣。只是一味黑甜，睡到天荒地老。

高奣映铜像铭文局部

其落款为“陈华山再来人题”。这位“陈华山再来人”显然是自比陈抟老祖。卧像的腰部即左襟之上也有铭文，亦系高奣映自题：

高奣映铜像铭文局部

> 屈子曰：众皆醉，我独醒。夫人也，而反是不中山之酒，睡则千千日，不靡盬于王事，不劳困其体肤，胸中自有烟霞，一睡乃逾三万六千日。

据说，高奣映所设计的铜像，其姿态是梦中得来的，那么，这个“梦”，高奣映可谓做了一生。现在，他一味地论睡，一味地想睡，可是，他何尝有陈华山那么超脱呢？倘若这种潇洒状不是勉强装出来的，那么，这一“睡”，何止“三万六千日”？

在《鸡足山志·清游闲话》中，高奣映写道："余亦为铜卧叟，当结璘之门，若问答曰：此老毕生在梦，此时对客犹未醒，幸客恕其疏慢。"也充分表达了这样的意思。

后人甘仲贤在《游佛陀山谒高雪君睡像》的诗中，对高奣映生前的艰辛和所留给后人的"安闲"和"睡梦"，做了热情饱满的描写：

> 长髯著书多难数（公美须髯，时人呼为长髯公——原注），独出手眼高千古。不肯落人窠臼中，小儒见之舌尽吐。底事寂寞傍枯禅，袒腹长眠在廊庑。自谓华山再来人，我道华山难比伍。华山大睡两三年，醒来曾绘先天谱。长髯一睡二百春，来氏心学独翼辅。要识长髯是金身，有发不凋齿不龋。平安报与人来知，长曲两手交两股。和光于人无不容，自顶放踵任摩抚。我昔远走邯郸道，曾笑卢生学太腐。富贵功名原等闲，胡为梦中力尚努。向使得与长髯生同时，一枕黑甜何所苦?

甘仲贤是高奣映晚辈乡人，对这位同乡大学者几近于顶礼膜拜。该诗作于十九世纪末，这时距高奣映的去世已近两百年了。诗虽然写得不算精致，但是对高奣映这位"长髯公"所做的概括，却是相当公允的。特别是字里行间所蕴含的感情，是清末的一位名人对清初的另一位名人的真情吐露。由此而想到：一个地方出了一位文化名人，除了他本身得名之外，他对后世的影响，他对文化传播所起的承前启后作用，是无法估量的。

身负家族事业重担的高奣映，虽然到了六十岁仍然像“金身”转世一样，“有发不凋齿不龋”。但是，他的心血已经耗尽，终于在康熙四十六年（1707）四月七日亥时猝然去世。享年仅六十岁，死后葬附近鹤钟山。

高奣映生于乱世，长于忧患，心怀报国之志，生不逢时。中年以后，退隐结璘山，潜心学问，著书八十一种，终于成为一位儒学名家，一位民族学者，一位关心国家民族命运、关心民生疾苦并身体力行的实学大师。他生于正当改朝换代，干戈扰攘的大动荡、大变革时代，一个新兴的民族入主中原，一个腐朽没落的明王朝退出历史舞台。他亲身经历了南明小朝廷的覆灭，经历了吴周反叛政权从叛乱到失败的全过程，又在崇儒重教的一代文化运动中，参与了奠定康熙盛世基础的努力。他是一位身世复杂、成就显著的少数民族上层知识分子。他的历史地位和影响，是独特而无法取代的，研究清初边疆民族地区的历史，研究少数民族上层对文化的吸收、传承和融合的历史，乃至于研究中国明清之际的思想文化史、文学史，都不应该忽略高奣映这个人物。

高奣映的一生，是辉煌灿烂的一生，也是具有传奇色彩的一生。

参考书目

1. 张廷玉等撰：《明史》，中华书局 1974 年版。

2. 赵尔巽等撰：《清史稿》，中华书局 1977 年版。

3. 师范辑：《滇系·典故》。

4. 倪蜕：《云南事略》。

5.《明实录·熹宗实录》卷三十二。

6. 高奣映著，芮增瑞校注：《鸡足山志》，云南人民出版社 2003 年版。

7. 高奣映：《易经来注图解》，巴蜀书社 1989 年版。

8. 高奣映：《妙香国草》，省图书馆藏。

9. 龙云、卢汉修、周钟岳等纂：《新纂云南通志》，1949 年版。

10. 陈垣：《明季滇黔佛教考》，中华书局 1989 年版。

11. 方国瑜主编：《云南史料丛刊》，云南大学出版社 2001 年版。

12. 由云龙主编：《姚安县志》，云南人民出版社 1988 年版。

13. 马继孔、陆复初：《云南文化史》，云南民族出版社 1992 年版。

14. 陈九彬：《高奣映评传》，云南人民出版社 1995 年版。